幸せになる＜第六感＞の磨き方

スピリチュアル・パワーアップ・レッスン

原題：SECOND SIGHT

著：ジュディス・オルロフ
Judith Orloff,M.D

スピリチュアル・パワーアップ・レッスン……もくじ

プロローグ

土曜日の早朝、電話が鳴った。

私の患者であるクリスティーンが、処方された以上の薬を服用し、意識を失って自宅アパートで昏睡状態のところを発見され、いまロサンゼルス市内の病院の集中治療室にいる、とのことだった。

自殺？　まさか、と思った。そのような兆候は微塵も見られなかったからだ。でも……、ふと頭をよぎるものがあった。

実を言えば、この事態をまったく予期できなかったわけではなかったのだ。私はある「予感」を覚えていたのに、それを無視していたのだ。

＊　＊

初めてクリスティーンに会ったとき、私は精神科医としてわずか6ヶ月の新米だった。彼女の心をなかなか開かせることができず、試みること何もかもが裏目に出た。私はそのことで心を痛めていた。

クリスティーンは鬱《うつ》の治療のため、何年も精神科医の間を渡り歩いていたが、それまでに大した効果が得られないでいた。そこで、私は効き目が高いと評判の新薬を処方することにした。

そんなある晩のこと、夢を見た。

クリスティーンが暗闇の中を彷徨《さまよ》っている。彼女を呼び止めようと大声で叫んだのだが、私にはどうすることもできない……という内容だった。

夢を見た翌日に診察したクリスティーンの状態は珍しく良かった。新薬が効き目を顕《あらわ》しているようで、私は不吉な夢のことなど忘れて手放しで喜んだ。

診察室で彼女は、近況などをうれしそうに話していた。

何気なく窓の外に目をやると、白い雲が浮かんでいた。のどかで幸せな景色を見ていると、私のこころも晴れ渡った。と……そのときだった。クリスティーンが自殺を図ろうとしている姿が浮かんだのは！

クリスティーンを診察したのは金曜日。私は働きづめで、疲れきっていたこともあり、その晩、サンタモニカ渓谷に住む友人を訪ね、静寂につつまれた森を散策することにした。森のなかを歩いていると、緊張は少しずつほぐれ始めた。それでも、クリスティーンのことが頭から離れなかった。彼女が自殺する証拠がどこにあるというの？　私は、自分の予感を否定するのに必死だった。実際、彼女は快方に向かっていたのだから。

友人はそんな私の姿を見て、慰めの言葉をかけてくれた。それほど気がかりなら、来週にでもクリスティーンの気持ちをもっと深く探ってごらんなさい、と。

それもそうだわ。クリスティーンはとても元気で、焦る必要はまったくないのだ。

だが……。私の予感は当たってしまった。

＊　＊

殺風景で風通しの悪い集中治療室にクリスティーンは寝かされていた。主治医として、私は激しく打ちのめされた状況にあった。

実習医時代の同期生でもあるデービットに胸の内を打ち明けると、彼は「君に医者としての落ち度はない」と励ましてくれたものの、割り切れないものが残った。

医者としてテキストどおりに対処すればいいのか、それとも人間としての「直感的情報」を信じたらいいのか。今回、私は直感的情報を軽視した、その結果がこれだったのだ。私は何を信じたらいいのかわからなくなった。

ひと月のあいだ、私は毎日のようにクリスティーンを病院に見舞った。彼女の顔は青白く、幽霊のようだった。

自殺衝動は、ふとした瞬間に本人も気づかないうちに湧き上がってくる。だからこそ、クリスティーンの無意識の衝動を感じ取っていた私の「予感」が、彼女を救う唯一の手立てだったかも知れないのだ。

実を言うと、それまでにも「予感」はあった。でも私はある理由から、それを封印してきた。

というのは、当時の医学の常識として、予知などに代表される霊能力は、深刻な機能障害の表れととらえられていたからだ。

でも、それは本当だろうか。

クリスティーンのかたわらで私は悶々とした数週間を過ごした。そして、誰が何と言おうと、私の「予感」が正しかったのだと確信した。「予感」という形で訪れた優れた情報が、従来の医学で認められていないという理由だけで、切り捨てるわけにはいかないのだ。

医学と霊能力は反駁《はんばく》しあうものではない。助け合う関係にある……と、思い至った。


入院から数週間後、クリスティーンはこん睡状態から目覚めた。

祈りは聞き届けられたのだ。

そして私は決心した。精神科医として、これからは患者を救うために自分には何ができるか、持てる能力をすべて捧げようと。

しかしそのためには、子供時代の自分と向き合う必要があった。それはとても辛いことだったが、避けては通れなかった。

これからそれをみなさんにご紹介しよう。

自分の人生を振り返ってみると、実に様々な不思議な出来事が、今の自分のために「用意」されていたことに驚かされる。それは何者かの「計らい」であったのかもしれない。

第1章　智慧《ちえ》のはじまり

わたしは巨大だ……わたしは無数のものを内包している。

ウォルト・ホイットマン

1968年の夏、午前3時。南カリフォルニア。

私は16歳。サンタモニカの友人宅で、週末のパーティーを楽しんでいた。

海岸にほど近い、白い板壁でできたワンベッドルームしかない簡素な平屋に、友人たちは何かを期待して集まっていた。

友人といっても、数時間前に知り合った顔もいた。そのなかの1人で、ジェームズ・ディーンのようにセクシーで金髪の男の子が、私に声をかけてきた。

「一緒に丘までドライブしよう」

私はむろんOKした。

2人は私の緑色のミニクーパーに飛び乗り、彼の運転でツナ渓谷へ向けて出発した。ツナ渓谷は、人里離れた荒涼とした場所だ。そしてそこは、インディアン・チュマッシュ族にとって聖なる場所でもあった。

道は山中に分け入り、海抜500メートルまで蛇行していた。そこからは、マリブの海岸線が遥か向こうまで見渡せた。香《かぐわ》しい夜の空気が辺りを漂い、コヨーテたちの遠吠えが、どこからともなく聞こえていた。

目的地に近づくにつれ、私たちはかなりハイな状況に陥っていた。1時間前に服用した覚せい剤の一種であるアンフェタミンの影響もあった。

頂上一歩手前の最後のカーブにさしかかった。ところが、ジェームズ・ディーン似の彼はハンドルを切り損ねてしまったのだ。

ミニクーパーはタイヤを軋《きし》ませながら、谷底へダイビングした。


気がつくと、私はトンネルの中を漂っていた。

そして数百メートル下の谷底めがけて、2人が車ごと落下していく様子を眺めていた。トンネルは半透明で、両方向に限りなく延びていた。その中で、私は完璧なまでの安らぎを感じていた。その安らぎは永遠に続くと思われた。

すると、不意に自分の少女時代の記憶が甦ってきた。私は、もの心つくころから神さまの存在を信じていた。それは、私が信仰を余儀なくされていたユダヤ教の神ではなく、全人類を包み込む普遍的な神のことだった。その神が私と共にあった。

私は遥《はる》か遠くから、粉々になったフロントガラスを見つめていた。そして、車が山腹をくるくると落下していくとき、それが何回宙返りするか数えていた。1回、2回、3回……全部で8回だった。私は一体死んでいるのか、生きているのか?

突然、トンネルの中から引っ張り出される感覚とともに、強いショックを受け意識が戻った。谷底に落下中、車が途中の大きな岩にぶつかったのだ。車体は大きく弾み、傾きながら止まった。岩棚から前輪が谷底に突き出し、ゆらゆらと揺れている。いまにも谷底に引きずり込まれそうだ。一刻も早く、そこから脱出しなければならなかった。

不可解だったのは、着地のときの衝撃で2人とも後部座席に投げ出され、砕けたガラスの破片があちこちに飛散していたというのに、かすり傷一つ負っていなかった。

生い茂った樫の木につかまり、私たちはめちゃめちゃになった車から、どうにか脱することができた。

茂みを押し分けながら、2人は黙々と険しい丘を登っていった。あとわずかで頂上だ。それでも、まだ自分に繰り返し問い続けていた。どうして私たちの命は助かったのかしら? 死んでいてもおかしくなかったはずなのに……。

やっとのことで頂上に出ると、私は安堵のため息をついた。ほどなくして、私たちはヒッチハイクで町へ戻ることができた。

両親は、この夜起きたことを知っても、さして驚きもしなかった。というのも、そのころ私は麻薬に絡んだ騒動を頻繁に引き起こしていたからだ。

一人娘の私は、両親にかわいがられて育った。そんな両親の愛情を、束縛と感じるようになったとき、私は反抗的になった。手に負えない子へと変貌していく私に、両親はどれほど落胆と悲しみを味わったことだろう。

ユダヤ人である父と母は、ビバリーヒルズでも名が通った放射線技師と開業医だった。父はもの静かな人だったが、母は大変気丈だった。私はといえば、自分の予知能力に嫌気がさし、ドラッグに手を出していた。両親は私の「不可思議な能力」を、世間体もあるのか、決して認めようとはしなかった。

私は正常じゃないのだろうか？　この疑問が私をさらに苦しめた。

事故の翌朝、両親は私を麻薬から遠ざけるため、マリブビーチに住む両親の友人宅に隔離した。その間、両親は私を更生させる方法を探していた。

不可思議な能力への戸惑い、ドラッグ、両親との不仲。そしてなによりも、死を目の前にしたときの、あの不思議なトンネル体験……私は人生の岐路に立っていた。

友人宅では、居間のソファに腰掛け、ぼんやりと『スタートレック』を見ていた。すると見知らぬ男性が両親の友人とともにやってきた。

ジムという名の男性は、豊かなロマンスグレーに白い顎ひげをたくわえていた。細身で背が高く、40代半ばといったところだった。

私は敵意を剥《む》き出しにして彼を見上げた。ジムは、そんな私を意に介せず、実に自然な態度で私のそばの椅子に腰を下ろし、優しい口調でいくつかの質問を始めた。これには、戸惑った。ジムが誠実な人間だということは、ひと目でわかった。

私の敵意もどこへやら、私は彼に好意を抱いた。でも素直になれない私は、その日、ほとんどジムと口を利かなかった。

その翌朝、今度は両親がやってきた。そして、こう言った。

「今すぐに心理療法を受けるか、さもなければ、東海岸の親戚の家に預けることになる」

正直なところ心理療法はまっぴらごめんだ。

というのも、過去にも数回、家族一緒のセラピーに引きずられていったことがある。だが結果は散々で何の解決にもならなかったのだ。この経験から、私は「セラピーとは、自分の問題を自分の力で解決できない愚か者をお仕置きするためのものだ」と認識するようになっていた。

では、東海岸のひなびた田舎の親戚の家に行くのか。とんでもない。ロサンゼルスを離れるのはもっと嫌だった。選択の余地はなかった。私は渋々ながら心理療法を受けることに同意、そのまま心理療法を受けるために、ビバリーヒルズに向かった。1968年、8月の午後遅く（それは、私が高校を卒業してから2ヶ月後のことだった）のことだ。

上品な4階建てのオフィスビルに、その心理療法室はあった。

待合室で黙りこくって腰掛けていると、逃げ出したくなった。

しばらくして、診療室のドアが開き、見覚えのある姿が私たちを出迎えた。なんと昨日マリブビーチで会ったジムではないか。

私はまんまと両親にはめられたのだ。怒りが沸々とこみ上げてきた。その一方で、再びジムに会えたことを内心よろこんでいた。

「こんにちは」

私の口から出たセリフは自分でも意外なものだった。

すぐにジムと私たち家族のセラピーが始まった。

ジムは黒革の回転椅子に腰掛け、私はその横の足置き台に座るように指示された。両親は私たちと真向かいのソファに腰掛けた。両親も緊張しているのがわかった。

セラピーが始まると、母親はすぐにすすり泣きを始め、どれほど私のことを心配しているかをジムに切々と訴えた。私は身の置き所がなかった。

私に向けられる母親の激しい愛情と執拗さは支配的であり、息苦しさをとおり越して、窒息寸前だった。

ジムはそんな両親の話に忍耐強く耳を傾けていた。そのあとに、ようやく私が話す番になった。

1時間ほど話すと私はスッキリした。そしてあれほど嫌がっていた心理療法をこれからも続けることに同意した。

私が協力的な態度を示したので、両親は家に戻ることを許してくれた。

セラピーを受け始めて数ヶ月後、ジムからこんな提案があった。

「社会復帰を果たそうとしている人たちを援助するための施設があるのだが、できればそちらで生活をしたらどうだろうか」

人間的な成長と親離れのよい機会だと、ジムは付け加えた。

私は一も二もなく同意した。私も親元を離れたいと考えていたからだ。

その施設は、ヴェニス・ビーチに隣接していた。夜になると、波が砕け散る音が聞こえるほどの近さで、心が和《やわ》らいだ。

施設を営むパットとレイは、社会福祉学の学位を持ったヒッピーだった！　でも人は外見で判断してはいけない。２人は、人助けのために献身する、熱き想いで満ち溢れる人たちだった。

ただしこれは問題といえるかどうかわからないが、私を除いた施設にいる人たち全員が、精神病を患っていた。

「ああ、なんてことかしら！　ジムはどうして、ここに私を紹介したのだろう」

最初はそんなふうに思ったが、つき合ってみれば私の不安も消え、ベニス・ビーチでの生活は平穏そのものだった。

セラピーが1年を迎えたある日、私は両親以外に打ち明けたことがない夢の話をジムにした。9歳のときの夢の話で、日記にはこう記してある。

【おじいちゃんが死んだ夢を見た。パジャマは汗びっしょりだった。夢の中で、おじいちゃんは、何度も繰り返し私に「さよなら」を言った。まるで本当のことのようにはっきりした夢で、怖くなった。ベッドから抜け出し、お母さんの寝室へと一目散に駆けていった。夢の話をすると、お母さんは「おじいちゃんなら大丈夫。ただの夢よ」と言って、優しく微笑んだ。自分のベッドに引き返すと、私はいつの間にか眠ってしまった。

その数時間あとだった。おじいちゃんが心臓発作で亡くなった、と母が知らせを受けたのは。おじいちゃんは、私たちの家から5千キロも離れたところに住んでいた】

ジムはこの夢の話に興味を示し、熱心に耳を傾けていた。

母は、私の夢の話を偶然として片づけようとしていた。私は大好きだった祖父が、きっと〝さよなら〟を伝えにきてくれたのに違いないと考えたが、深い罪悪感のようなものも残った。というのは、夢で知らされても、結局私は祖父を救うことができなかったからだ。

私は、このときの気持ちをジムに告白した。

そのころセラピーと同時進行で、私は8歳年上の新進芸術家と恋愛関係にあった。彼の名はテリーと言い、〝施設〟の向かいのアトリエに一人住まいだった。彼は、真実の私を見抜くことができた初めての人だった。テリーの前では、何一つ気負うことなく自然に振舞えた。彼も、私の夢やインスピレーションから作品のイメージを膨らますことができて、満足している様子だった。しかし両親はこの恋愛に大反対だった。それでも、彼との関係を断たなかったので、遂にセラピーの費用を除いては、生活費も学費（私は大学進学が決まっていたのだが）もすべて打ち切られてしまった。

仕方なく、私は百貨店のタオル売り場で仕事を始めた。その仕事場は、テリーが外壁を描くのを任されていた場所とさほど遠くはなかったので、彼は毎朝、オートバイに私を乗せて職場まで送ってくれた。雨が激しく降りしきる冷え込みの厳しい朝など、寒さで目からは涙が流れた。スピードを上げて、街の通りを飛ばすとき、私は振り落とされないように、彼の腰にしっかりとつかまった。私はこのときほど、自由で幸福だと感じたことはなかった。

私が徐々に自分自身を受け入れ始めることができたのは、テリーの愛と理解のおかげだった。私の霊的探求を彼が勇気づけてくれたことで、ジムに対しても楽に話ができるようになったと思っている。

セラピーを進めていくうち、子どものころに体験した予知を思い出せるようになっていった。その1つが、両親の友人だったイワンのことだ。

彼はロンドンに住む裕福な起業家だった。その絵に描いたようなライフスタイルは、周囲の羨《せん》望《ぼう》の的だった。アメリカを訪れていたイワンに初めて会ったとき、私は、得体の知れない恐怖に襲われた。何か悪いことが彼の身の上に起きようとしているのを感じたのだ。でも具体的にそれがなんであるのかは、わからなかった。わからないまま、その恐怖を母に伝えると、「馬鹿なこと言うのはおよしなさい、ジュディス！」と、一喝されてしまった。

母はひどく気分を害したようだったが、三週間後、両親はイワンの自殺を知らされることになる。母は私の「予知」を、今度は偶然とは片付けなかった。でも、母は私の能力に理解を示したわけでもなかった。この事件のあと、私と母との溝は深まってしまった。私の孤独感は一層強くなった。

セラピーの中で、こうした私の予知体験を話すうち、ジムは医学部時代の彼自身に起きた、ある霊的体験について明かしてくれた。

吹雪のなかで、運転する車がパンクしてしまい、予定時刻に帰宅できなくなってしまったジムは、妻が心配しているだろうと気遣った。なんとかして妻と連絡を取りたいが、あいにく電話ボックスもなく、途方にくれた。でも、ちょうど同じころ、ジムの妻は「ジムは無事だ」という内容の夢を見ていたというのだ。この不思議な体験が、ジムを「霊能力」に関心を向かせるきっかけになったというのだ。

それで合点がいった。ジムがこれまでの私の風変わりな体験談を精神障害者の妄想と片づけずに、信用してくれたか、を。

私はジムのこの話を聞いて、安心してこれまでの自分自身の体験を話すことができるようになった。

私の体験談をもう1つご紹介しよう。

ハリーという母の恩人の話だ。母がまだ若いころ、その当時は女性が医学を志すことに世間の目は冷たかったが、ハリーの励ましもあって、母は医学の道に進むことができたのだ。

私が10歳のころだ。そのハリーは30年にわたって守り続けたポストを巡る選挙に立候補していた。投票日の1週間前、私は夢を見た。

【私は、大勢の人でごった返している明るい会場にいた。ハリーが、演台でスピーチを行なっているところだった。そのとき、私は何かに怯えていた。それが何なのかは、わからない。そこへ男の声がスピーカーから流れてきた。「ハリーが競争相手に負けた！」と。頭をうなだれながら群衆の中に分け入っていくハリーの姿が見えた。彼が会場を出て行こうとしたその瞬間、一人の女がハリーに突進し、その手に噛みついた。私の位置からは、その女の顔は見えなかったが、ハリーの様子から、顔見知りだとわかった。彼は打ちひしがれていた】

もちろん、この夢のことを母に告げる気は毛頭なかった。けれども、母の恩人を助けることができれば、との思いが勝り、迷った末に母に自分の見た夢を正直に話した。すると母はものすごく不機嫌になった。

これまでの私の夢の予知は、祖父の死、イワンの自殺と暗いものばかりだ。しかも当たっているだけに、母としては「落選の夢」に不機嫌になるのも無理はなかった。

投票結果が発表される当日の夜、私たち家族は気を揉みながらハリーからの連絡を待っていた。結果は、夢が予告したとおりで、しかもハリーは大差で敗れた上、人々の目の前で、義理の娘に激しく手を噛みつかれたのだった。


私がドラッグを体験したのは、高校に入学した1967年だった。友人たちに誘われたのがきっかけだったが、私の孤独感を和らげるのに束の間ではあったとしても役立った。その上、霊能力も鈍らせてくれた。しかし、自分の心までは騙せない。それがむなしいウソだとわかっていたのだ。

サンタモニカ渓谷での事故に遭ったのは、ちょうどそのころだった。

ジムにも事故のことは詳しく話した。あのトンネル体験が頭から離れない、ということも。するとジムは、私がこの体験に縛られた人生をおくるのではないかと心配した。というのは、そうした事例を数多く見てきたからだ。超感覚体験にのめり込み過ぎて、現実の世界が見えなくなるというのだ。

「人はみんな多かれ少なかれ、鋭い感受性（ある意味で、それを霊能力の一種と呼びかえてもよいと思うが）を本来備えている。

それなのに、多くの人々はその力を軽んじたり、拒絶したりする。しかし、その力は封じ込めることはできない。機会があればいつでも浮上してくる。それがどのようなものであれ、私たちの内部に強く押し込められたエネルギーの爆発は、そう簡単には押さえきれない。社会の常識、世間体といった押さえつける力と、爆発しようする内部からのエネルギー。このジレンマが、抑鬱状態を引き起こす」

ジムはそのように考えていた。

あの自動車事故以来、私はジムの個人セラピーのほかに、グループセラピーにも参加していた。それは、毎週火曜日に行なわれ、メンバーは全部で6人だった。

その日のセラピーも終了間際のことだった。発言していたのは新入りのジョンで、そろそろ50代に手が届こうかというビジネスマンだった。

ジョンが話していると、突然私の目に、車に閉じ込めたれた女性と子どもが、炎に飲み込まれる映像が見えた。おそらく、私は軽いトランス状態にあったに違いない。私のハッとしたその表情に、みんなの視線が集まった。

ジムに促され、私はたったいま見た映像を話した。すると、ジョンが泣き始めたのだ。彼は明らかに動揺していた。

「僕がここに来た訳は……。先日、妻と幼い娘が、ガソリンを積んだトラックと衝突事故を起こして亡くなったからなんだ」

なんてことなの！　私のこのおかしな能力が、ジョンを悲しませることになるなんて。私はパニックになり、激しい自己嫌悪に陥った。

「ジュディス。君のせいじゃないんだよ」

ジムはそんな私を見て、慰めてくれた。そして、こうアドバイスしてくれた。

「君の苦悩と混乱の原因は、霊能力を無理やり押し込めてきた結果に過ぎないんだよ。これ以上、この能力を切り捨てる空しい努力を続けるよりは、むしろ適切な指導を受けて、活かす方法を見つけることが大切かもしれない」

そしてジョンは、テルマ・モス博士に会う段取りをつけてくれた。

博士は心理学者であり、カリフォルニア大学の神経精神病学研究所（ＮＰＩ）の霊能研究者でもあった。専門は「超自然現象」だった。

「そんな人物が本当に現実に存在するのかしら？　しかも、私の能力を正しく理解できる唯一の人かも知れないですって？」

博士とジムは以前からの知り合いで、霊的体験を学問的にあつかうのが博士で、セラピーをとおして癒したり「治療」するのがジムという具合だった。もしかしてモス博士なら、私が持てあましている霊能力の意味を解明できるかも知れない。私の胸に、初めて微かな希望の光が差し込んできた。

第2章　真実の声を認める

この端までおいでなさい。／墜落してしまうかも知れません。

この端までおいでなさい。／高すぎます。

この端までおいでなさい。／そこで、彼らはやって来た。

彼は、一押しした。／彼らは飛んだ……。

クリストファー・ローグ

私は、衣装クローゼットの前で、モス博士との面会に着ていく服装に迷っていた。そこに母が現れ、私のつま先から頭のてっぺんまでをチェックしながら言った。

「残念だわ、ジュディス。もっときちんとした格好をすればいいものを。あなったって、とってもきれいなのに」

服装のことでいつも母と言い争う。母は、普段から一分の隙もなく着こなしたが、わたしは頓着しないタイプだったからだ。ジーンズが大好きで、特に左膝に大きな穴の開いたのがお気に入りだったが、母は嫌悪の目で見ていた。私はそれに反発して、穴開きジーンズをはいたままベッドにもぐり込むほどだった。

でも、さすがに今日だけはそうはいかない。母の見立に従って赤と白の格子縞のドレスに、ベージュ色のナイロンストッキング、それに黒のパンプスと相成った。長い茶色の髪は、きちんと見えるようにポニーテールに結った。

面会の朝10時には、気温はすでに30度を越え、昨夜の雨のせいで街は巨大な蒸し風呂状態と化していた。モス博士の研究室は8階建ての赤レンガ造りの学内医療センターの7階にあった。大きな自動二枚扉の入り口から入ると中央広間を通り抜け、エレベーターに乗り込んだ。エレベーターを降りると右へ曲がり、消毒液の臭いがする長い廊下をドキドキしながら進んでいった。

ドアのところで待ち構えていたモス博士は、見たところ40代半ばで身長は160センチくらい。黒みがかった短い髪に、濃い茶色の瞳をしていた。彼女は微笑《えみ》を浮かべながら、私を応接室へ迎え入れてくれた。

「よく来てくれたわ、ジュディス」

期待と緊張でコチコチになっている私が落ち着きを取り戻すまで、彼女は他愛のないおしゃべりで気を紛らわせてくれた。

私が落ち着いたところで、博士はいよいよ本題に入った。

「サイコメトリーを使って、あなたの霊能力をテストしてみたいと思うんだけど？　サイコメトリーを知ってる？」

「いいえ」

「サイコメトリーというのは、誰かの身に着けていた持ち物に触って、その持ち主に関係した出来事や場所などを言い当てる能力のことよ」

そう言いながら、博士は私に鍵束を手渡した。

「いい？　リラックスしてね。ただ、あなたの心の中に浮かんでくる印象を伝えてくれれば、それでいいのよ」

こんなことに挑戦するのは初めてだった。

「たとえ、それがどんなに滑稽だと思えても、とりあえず口に出して言ってみてちょうだい。私は、終わりまでそれに一々反応したりしないわよ」

そんなことを言われても……。私は戸惑った。でも頭に浮かんだことを思い切って口に出した。

「これは、家の鍵です。博士の家の鍵です」

モス博士は無表情だった。

私はなおも鍵束に意識を集中した。

すると次第にあるはっきりとしたイメージが浮かび上がってきた。

小高い丘の辺りだ。そこに植民地時代様式の家が見える。このことを伝えようとしたまさにそのとき、もう一人の自分がそのイメージを素早く検閲し始めた。（それは、私が以前どこかで見たことのある家を、思い描いているだけよ）と。実際この手の家は、ロサンゼルス中のあちこちにあった。

「あの、何も思い浮かびません」

私は嘘をついた。間違った答えを口にして恥をかくより、黙っているほうが無難だと判断したからだった。

「いいのよ。それなら、最初に思い浮かんだことだけでも言ってみてちょうだい」

モス博士は何もかもお見通しのようだった。

「では、あの……確信は持てないんですが……。正面玄関のところに柱がある家が見えます。色褪せた白か、多分ベージュ色だと思います」

「その調子よ。私はここにいないと思って続けてちょうだいね」

相変わらずモス博士の声からは、何の感情も読み取れなかった。私としては、その答えが合っているのかどうか知りたかった。あるいは、なにがしかのヒントでもほしかった。せめてうなずくくらいはしてほしかったが、モス博士はまったく無反応だった。

私は覚悟を決めた。そして大きく深呼吸すると、再び鍵束に集中した。

すると、イメージが次々と湧き上がってきたのだ。

気がつくと私はいつの間にか、先ほどの家の正面玄関に立っていた。それはきわめてリアルで夢や幻想でないことがわかった。理性的にはあり得ないことなのだが、私はこの部屋とモス博士の家の両方に、しかも同時に存在していた。

「玄関のドアには、小窓があります」

モス博士の家の細部まではっきり見えた。目を閉じると、黒い背景に、それらの光景が一層鮮やかに映し出された。

だが、それもつかの間、私の知覚能力は消耗し始めた。初心者の私には、あまりにも情報量が多過ぎたみたいだ。

ふと心に、ほんのわずかな「本当のことなのか」と疑問が湧くと同時に、イメージが消えてしまった。目を開けた私は、呆然と部屋の中を見回した。モス博士は、何が起きたのか、と尋ねた。

「家が、消えてしまったんです！」

「心配しなくていいのよ。あれこれ考えるのを止めて、もう一度その家に戻ったところを視覚化してみてちょうだい。でも、現れたイメージの一つ一つに執着してはダメ。それが何なのかを認識したら、すぐに手放してしまうのよ」

私は、再び目を閉じた。

「家の周りには、美しい植え込みがたくさんあります。ジャスミンの香りが、そこら中に満ちていて、遠くのほうから芝刈り機の音が聞こえてきます」

私は玄関のドアを開け、中へと足を踏み入れた。

「この家には、とっても素敵な調度品が整っていますね。中には誰もいません。誰にも出くわさなければいいんですけど。私、誰の邪魔もしたくないので」

人の姿は見えなかったが、誰かがいる気配がした。博士は一人きりで住んでいるのではなかった。彼女には子どもがいる。ひとりか2人。それに大勢の近しい親戚たちが、彼女のもとを頻繁に訪れるのが感じられた。そこには温かい家族の空気があった。

意外だった。私は彼女が仕事一筋に生きている、と勝手に思い込んでいたからだ。いずれにせよ私は感じたことをそのまま全部伝えた。

次に、私は大きな寝室の真ん中にいた。

「大きな木製の頭板がついているダブルベッドが見えます。それに、明るい色のベッドカバーも。ベッドの両脇には、揃いの木のテーブルが置かれています。

右側の引き出しには、博士のメモ書きが入っています。ベッドの足側の壁には、大きな窓が二つあります。その窓と窓の間に、腰の高さくらいの横長の鏡台が置かれています。その上には、色褪せた古い写真があります。写真には……。これは、多分、博士だと思いますが、十代くらいの女の子の肩に手をまわしているのが写っています。女の子の表情は、晴れやかですね」

思いがけず、このリーディング（霊視）に没頭しきってしまっていた私は、自分が今、どこにいるのかさえ忘れていた。行きたいと思ったところへ、どこにでも瞬時に行けるこのエキサイティングな経験！　私は、いつまでもそこに留まっていたかったが、そうもいかなかった。

やがてモス博士から、

「さぁ、このあたりで、戻ってきましょう」

と終了を告げられた。

博士はそれまでの経験から、まだリーディング体験が浅い霊能者の感情のプロセスを把握していた。私がこの現実の世界へと安全に戻ってこれるように、配慮してくれたのだ。

「まず、何度か深呼吸をしてください。次に自分の手と足をはっきりと感じ取ってね。さぁ、そうしたら、ゆっくりと目を開けて……」

私は博士の指示にしたがって、ゆっくりと目を開けた。

目の前には、やさしく微笑《ほほえ》む博士がいた。私は自分がたったいま見てきたことが正しかったのかどうか、知りたかった。

「どうでしたか？」

私は恐る恐る尋ねてみた。

博士は、私のほうにぐっと身を乗り出して答えた。

「とてもよくできたと思うわ。大部分が正確だったわよ」

そして博士はこうも付け加えた。

「ジュディス。あなたは大丈夫。正常よ。何も心配することはないわ」

まったく予期していなかった言葉に、私はほとんど口が利けなかった。

解放感で気持ちは軽くなった。

「あの、それって私が霊能者だという意味でしょうか？」

「そうよ。あなたは霊能者よ、ジュディス」

私はすっかり舞い上がってしまった。興奮を抑えるのがどんなに難しかったことか！　でも博士はやんわりと戒めてくれた。

「でもね、今体験した現象を、あまり過大視しないように注意してちょうだいね」

そして、たったいま見てきたことを検証する作業に取りかかった。このあたりは、さすがに博士という肩書きだけのことはあると思った。

1つひとつを検証していくと、そのほとんどが正しいと判明した。

「優れた霊能者は、普通なら見落としてしまうような細部まで、ごく当たり前のように言い当てられるのよ」

博士が、このような能力に対して、尊敬の念を抱いているのが伝わってきた。だからといって、それを必要以上に美化してみせることもなかった。

博士と一緒の午後は、あっと言う間に過ぎていった。子ども時代からの疑問も含めて、山ほどの質問をしたからだ。

「いまのあなたの能力は、開発途上の段階なの。だから思いがけないときに、自然発生的にその能力が現れてきてしまうのよ。でも、これから訓練を積んでいけば、それを意識的にコントロールできるようになるわ」

博士は私の疑問の1つひとつに、ていねいに答えてくれた。だがそろそろ、おいとまを告げねばならなかった。私が、椅子から立ち上がりかけると、唐突に博士は言った。

「ところで、この研究室の調査アシスタントと霊能者を兼ねるという条件で、明日からここで働いてもらう、というのはどうかしら?」

思いがけないその言葉に、私は耳を疑った。

まあ! 信じられないわ。それって、私をカリフォルニア大学のスタッフに加えてくださるってこと?

私はこの幸運に感謝した。二つ返事でこの申し出を受けたのは、言うまでもない。

翌日、研究室へと案内されたのは、午前11時だった。

アメリカのごく一般的な大型の寝室よりもわずかに大きめの研究室に「研究者」たちがいた。でもちっとも研究室らしくない。白衣を来た研究者が見あたらないのだ。その代わり、部屋の奥で私と同年代の、ジーンズをはいた男性が2人、壁際の細長い机の上で、バラバラになった白黒写真の山を仕分けしているところだった。彼らは笑顔をこちらに向け「こんにちは」と言った。

研究室の中央には、「知覚遮断室」と呼ばれる、おおよそ3メートル四方の、金属製の部屋が設置されていた。ここが「キルリアン写真」（からだの周囲を取り囲むエネルギー場を撮影する技術）を撮る場所だった。

4人くらいなら十分に入れる広さだが、小さな窓がたった一つついているだけ。巨大な冷蔵庫か、あるいは銀行の金庫室のようだ。扉を閉めると厳重に密封される構造で、外部からの光や音を完全に遮断できるようになっていた。

中をのぞくと、写真現像液のツーンとした臭いがした。

研究室には、そのほか机が数個と数え切れないほどのフィルム、それに電話が二台あった。窓の外左手には、ウエストウッドの街並みが遠望できた。

「私のことは、テルマって呼んでちょうだいね」

博士がにこやかに言った。気さくで温かい心遣いが感じられ、私は気持ちが楽になった。

2人いる男性のうちの一人、バリーがコーヒーを注いでくれ、椅子を勧めてくれた。彼は、精神生理学者であり、霊能力に関する数多くのプロジェクトを手がけていた。小柄で細身の彼は、頭が切れる上に、エネルギッシュだった。そして、猛烈な早口でしゃべるのが特徴だった。

私は、すぐに彼が気に入った。その日から、私はバリーに預けられることになった。

それから数週間というもの、私は彼のあとを忠実についてまわり、そのやり方をつぶさに観察した。

博士の研究室は、科学者、ヒーラー、超心理学の専門家などの意見交換の場だった。私は、そこで初めて自分以外の霊能者と知り合う機会を得た。

最初、霊能者や占い師というものは、皆一様に派手な身なりをして、大きな宝石類を身に着けた風変わりな人々、という思い込みが私にはあった。ところが、彼らはそれぞれに現実的な仕事を持ち、まともな服装をした、ごく普通の人間だった。私の先入観は、見事に裏切られてしまったというわけだ。

研究室での私は、文字通り水を得た魚のようだった。なぜかというと、周囲の人たちは、誰も私の経歴や外見のことなど気にしなかったからだ。それに、ここでの最優先の課題は、どんな規則も制約も与えられず、可能な限り霊能力の強化に励むことだった。

私の予知に無関心を装い続けた両親も、大学側が受け入れてくれたというので、態度が軟化した。ドラッグに依存し、職を転々と変え、挙句の果てに、大学を中途退学してしまったかつての私と比較すれば、それも最もな話ではあったが。

研究室の仕事は楽しかった。人は、何年もの幽閉生活からやっと解放されたとき、その自由の意味を問うたりはしないものだ。研究室での一日を終えたあと、海の向こうに夕日が沈むのを見て、私は大好きな曲に合わせて、からだが赴くままに踊った。自由をからだ中で感じていた。

☆　☆

私は、ようやく外の世界へ一歩踏み出そうとしていた。

その私を後押ししてくれたのは、バリーだった。彼は週に一度、彼自身が率いる『リーディング（霊視）能力向上のためのクラス』に参加してみてはどうか、と勧めてくれたのだ。私は躊躇した。

「何をあれこれ悩んでいるんだい、ジュディス。君は、ただ座って見てればいいのさ」

バリーは確かにそう請合った。だがクラスに出席してみて、自分がまんまと騙されたことに気づいたのだが、あとの祭りだった。

「座って見ていればいい」などということはなかったのだ。なんと受講者たちの面前で、リーディングしてみせなければならなかった。私は自信がなかった。テルマと一緒のときは、まぐれ当たりかも知れなかったからだ。

＊　＊

水曜日の夜8時、リーディング教室は、神経精神病学研究所（ＮＰＩ）のＣ階にある、大きな会議室で行なわれた。

私は、緑色をしたビニール製の椅子に腰掛け、教室に参加している5人の男性たちを警戒しながら黙って眺めていた。18歳になっていた私は、自己防衛本能が強かった。他人から馬鹿にされたり、批判にさらされるのではないかと、極度に恐れていたのだ。

ところが5人はみんな魅力的で、親しみやすい人間だった。

さっそくバリーが彼らを紹介してくれた。

ジムは、元警察官だったが、グラビアを飾る男性モデルにしか見えないほど、格好良かった。

ケリーはバリーの同僚で、プーカ貝のネックレスをつけ、花柄のアロハシャツを着ていた。

スティーヴは、テレビ放送作家だった。

ディックは天文学者で、ピーターは薬剤師だった。5人は互いに顔見知りのようだった。私だけが新入りで、仲間はずれになるのではないかと心配になったが、彼らは紅一点の私を温かく迎え入れてくれた。

　そして気がつくと、私はいつの間にかリーディングをされる側に仕立てあげられてしまっていたのだった。

　バリーは、リーディングを始めるにあたって、まず光を遮断した。部屋の中は、自分の腕の輪郭さえも見えないほど暗くなった。それから、私たちは全員輪になって座って手をつないだ。輪の中心には、生徒たちの答えを記録するためのマイクとテープレコーダーが置かれた。準備が整うと、バリーが生徒たちをリラックス状態へと誘導していった。私は、いい気持ちになって、ついウトウトしていたらしい。というのは、バリーの呼びかけにびっくりして、椅子から飛び上がってしまったからだった。

「ジュディス。君がよく知っている人物を、誰か一人挙げてみてよ。そして、その人物のことを、ずっと頭の中で思い描き続けるんだ。いいかい？」

　バリーの指示に従い、私は大きな声で「ジョーディー！」と、叫んだ。彼は、長年家族ぐるみの付き合いを続けている友人だった。

　私は、ゆったりと腰掛けて待った。長い長い沈黙のあとで、突然、みんなの爆笑が巻き起こった。バリーが、クスクスと笑いながら言った。

「自分が目にしてることが信じられないよ。台所の棚に、『ベーコビッツ（ベーコンをカリカリに揚げて、小さく刻んだ商品）』の缶が見えるんだもの。味さえ感じるよ。とにかく、そこら中食べ物だらけだ！　思い浮かぶのは、食べ物だけ！」

「大きな家が見えるな」と、スティーヴが続いた。

「ここは、パリセーズかウエストウッドみたいだ。僕もここになら住んでみてもいいな」

私は、成り行きに任せた。自意識など、どこかへ吹き飛んでいた。彼らの発言のあまりの正確さに、ただただ圧倒されていたからだった。

お次は、ジムの番だった。

「頭の中で、ある言葉が繰り返し聞こえてくるんだ。それは『ヒュメル』とも『ヒメル』とも聞こえる。だけど、それが何の意味だかさっぱりわからないんだ」

「僕には、ジョーディーの姿が見えるよ」と言ったのは、ピーターだった。

「彼は痩せていて、茶色の髪を腰の辺りまで伸ばしてる。40代半ばだね」

おおよそ10分の間、代わる代わる霊視が行なわれた。

部屋に明かりが戻り、みんなの顔が見えるようになった。さぁ、つぎはフィードバック（検証）の番だ。

「テープを巻き戻してから再生してみて、ジュディス。そして、内容が正しかったときだけテープを止めるようにね」

バリーが、私に顔を向けながら言った。

これは、リーディングが大当たりだったとき、こうして強力な刺激を与えることで、生徒たちの能力を強化するやり方だった。

さてその結果だが、フィードバックの間、私は何度テープを止めたことか！　その的中率の高さに、私は舌を巻いた。

ピーターは、ジョーディーの風貌を実に正確に描写していた。たとえば、彼が40代で、痩せていて、長い茶色の髪をしている点。スティーヴは、ジョーディーの住まいのことを言っていたが、それは本当にパリセーズにあった。ジムが格闘していた言葉は『ホーメル』で、それはジョーディーの苗字だった。しかし、中でも最も注目に値した正解は、バリーのものだった。なぜなら、ジョーディーの家族は、『ホーメルミート』という有名な会社を経営していて、『スパム』などの缶詰製品のほかに、袋詰めにされる前の肉を製品化する仕事をしていたからだった。バリーが目にした『ベーコビッツ』は、正確に的を射ていたのである！

この日以来、私は正式に霊視訓練に参加することになった。

初めの数回は、何一つ心の目に浮かんでこなかった。おそらく、あまりにも高い出来栄えを自分自身に課したせいで、大きなプレッシャーを感じていたのに違いない。それでも、訓練に参加し続けていると、ポツポツとだが、私にもイメージが浮かぶようになった。やっと、バリーたちの仲間入りが果たせて、ホッとしたのを覚えている。

私たちのリーディングが、常に正しかったわけではない。でも受け取ったイメージを、勇気を出してとりあえず口に出してみる。それが一番重要なことだった。

間違いにもめげず、こうして訓練に真剣に打ち込むと、非常に大きな進歩が認められるようになっていった。

数ヶ月もすると、私自身も、誰かが頭に思い浮かべた名前を聞き取れるまでになった。

一方、心の奥底では、これまで押さえつけられてきた霊能力が、完全に外に現れ出たとしたら、自己破壊に繋がるのではないか、と心配するもう一人の自分がいたことも確かだった。

しかしそれは杞憂に終わった。実際には、むしろ以前よりも気分は晴れやかになったのだ。


そんなある日のことだ。

事件と言っていいのかどうか、こんなことが起きたのだ。

私たちがいつものように、真っ暗闇のなかでリーディング訓練をしていると、革のスーツケースを抱えた男がこっそり忍び込んできたのだ。もちろん、私たち全員が彼の存在に気づいていたが、訓練に集中していたので、気にも留めなかった。男は教室内をウロウロした挙げ句、15分ほどで出ていってしまった。男はいったい誰だ？

男は、教室階上にある精神病棟から抜け出した、入院患者だった。ところが男はその夜、教室に忍び込んだあとで、車の前に身を投げ、自殺を図ったのだ。一命を取りとめ、集中治療室に運ばれたその男は、自殺の動機は私たちの訓練の様子を目の当たりにしたせいだ、と言ったとか。

男は、統合失調症だった。日頃から自分の頭の中の声に圧倒され続けていた彼にとって、ほんのわずかな時間とはいえ、リーディング訓練に参加したのは最悪だった。彼の精神状態の均衡をさらに崩してしまう結果になってしまったのだ。それ以降、精神に重大な問題を抱えている人の授業への参加が許されないようになったのは当然のことだった。

また、こんな「事件」も起きた。

このリーディングに参加していたドッティーは、映画制作会社の編集者だった。彼女のリーディング訓練中、驚くべき正確な予知が何件か起きた。友人の事故、ロサンゼルス大地震。そして彼女の母親が数週間後に心臓発作に見舞われることなど。ところがドッティーはこの能力を「神に選ばれた特別な存在である証拠」と思い込んでしまったのだった。

私を含めたほかの定期受講者たちも、霊能力を発揮するには霊的な存在の介在があると信じていたが、それは訓練次第で誰にでも発達させることができる、人間本来の能力と受けとめていた。特別ではないのだ。

私たちの心配をよそにドッティーは、ある宗教団体の聖職者の講話を聞いたあと、「自分は神の言葉を聞いているのだ」と確信し、その宗教にのめり込んでしまったのだ。仕事を辞め、すべての所有財産を放棄して尼僧になってしまったのだ。噂では、彼女はニューイングランド海岸の人里離れた女子修道院で暮らしている、ということだった。

善《よ》きにつけ、悪しきにつけ、神経精神病学研究所（ＮＰＩ）でのこれらの経験は、「霊能力とは何なのか」という命題を与えてくれた。

そして霊能力とは、天からの贈り物であると同時に、その理解を誤れば人生の破綻にもつながることを私は知ったのだ。

未知なる力・能力を持っていると思われている霊能者を、一般の人は理想化・聖人化しがちだ。だが完璧な人間などいない。霊能者とて人間だ。彼らも普通の人たちと同様、様々な個人的問題を抱えている。いや、もしかすると、もっと沢山の問題に悩まされているかも知れない。そして、霊能者にとって最も難しいのは、意識と無意識の世界（言い換えれば、この世とあの世）のバランスをうまくとりながら、霊能力を実生活の中で活用していくということなのである。

☆　☆

幽霊というと、私はいつも低級なホラー映画に登場する幽霊しか連想できなかった。そんな私が実際に幽霊と対峙することになってしまった。私は、バリーの指揮する〝ゴースト調査隊〟に加わるよう、命じられたのだ。

研究室には怪現象の調査依頼が、年に30件から60件ほど舞い込む。ほとんどの依頼内容は「電気機器が、ひとりでに点いたり消えたりする」「物が部屋中を飛び交う」「説明のつかない物音——足音や声など——が聞こえてくる」「幽霊や光が現れる」などだった。

（だけど、これらの正体は一体何なのかしら？）

私は興味津々だった。一刻も早く、この目で確かめてみたかった。

ある日、遂にそのチャンスがやってきた。

離婚歴のある30代の母親からの依頼だった。電話のその声は、差し迫っていた。カルヴァー・シティーの自宅で幽霊の執拗な襲撃を受けている、という内容で、母親の娘と息子にも電話で話を聞いてみると、「ママが目に見えない力によって、まるでぬいぐるみの人形のように転がされる」とか「ママのからだに突然、痣《あざ》が現れるんだ」と証言した。また、家族全員が2体の幽霊を見た、とのことだった。

バリーからこの一件を聞かされたとき、私はすぐには信じられなかった。家族そろって見た幻覚か、そうでないとすれば、私たちをひっかけるために嘘をついているのではないかと思ったほどだ。「トンネル体験」の私が、こんなふうに考えるのは矛盾しているようにも思えるかもしれないが、私のあの体験は、〝愛〟そのものだったのに、この家族の話にはまったくそれが欠如していたからだ。霊現象には〝愛〟が関係していると、私は思い込んでいた。

その家の幽霊調査は10週間にもおよんだ。

調査隊が出した結論は、「家中いたるところに温度の低い場所がある」ということだった。そして、寝室の一つから強烈な悪臭が漂っていることもわかった。さらに、延べ20人もの調査隊のメンバーが、この寝室で回転しながら輝く光の球を目撃した。その光の球は、不完全ながらも男に姿を変えることもあった。バリーが寝室の中でも特に温度の低い場所を撮影してみると、フィルムに直径30センチくらいの光の球が写っていた……というのがこれまでの調査内容だった。

調査半ばでバリーは、フランク・デ・フェリタをその問題の家に招いた。フランクは以前幽霊を扱ったNBCテレビの特別番組に出演したこともある人物だった。フランクはその家に記録装置を持ち込み、多くの怪現象を記録することになった。（のちに彼は小説『エンティティ（精霊）』にこのときの状況を詳しく著し、長編特作映画になった）

この調査で私が担当したのは、霊能者として家の中で受けた印象をレポートすることだった。その家の中に足を一歩踏み入れた途端、私は物凄いエネルギーの渦を感じ取った。このエネルギーは混乱と動揺に満ちていた。肉体的な気だるさと、頭がきつく紋めつけられるような感覚があった。ところが、家の外に出て数分もすると、この症状は跡形もなく消えてしまう。私以外の霊能者たちにも、同様の反応があった。

私は、その家の家族とは努めて事務的に対応するようにした。彼らと親しくなり過ぎ、私自身にそのよからぬ霊が憑依してしまうことを恐れたからだ。

バリーはそれまでの経験から、幽霊の正体・原因は家の住人の怒りや欲求不満などのエネルギーだと考えていた。つまり、人間の巨大な無意識の感情エネルギーが、サイコキネシス（念力）となって怪現象を引き起こした、というのである。家が霊に呪われているのではなく、住人の怨念がそうした現象を引き起こすと考えていたバリーは、その証拠として、家族が家を引っ越すと、その怪現象もあとを追ってくる、という事実を挙げた。

でも、怪現象の原因が自分たちだとは、当事者たちは認めがたいことだった。誰か自分たち以外に原因を求めたがった。怪現象の「加害者」ではなく、あくまでも「被害者」のままでいたほうが、当人たちにとっては楽だったからだ。

差し当たって、私は次々に体験する新たな状況を、偏見なしに直視するよう、また、どんな可能性にも心を開くように努めた。

☆　☆

完全なる静寂。まるで地球を遠く離れて旅する宇宙船の中にいるような気分だ。耳を澄ませば、体内の脈動の音まで聞こえてきそうだった。（セーターを持参していてよかった）と思った。どうやら冷房が最低温度にまで下げられたらしい。そのあまりの寒さに鳥肌が立ったほどだった。

毎週火曜日の午後4時。私は、知覚遮断室にこもってキルリアン写真を現像した。私には軽い閉所恐怖症があったので、そこへ入《はい》れたというだけでも大したものだった。扉の外側についているハンドルは、食肉を貯蔵する倉庫によく見られるような、丸い大きな回転式のものだった。この中に入るたびに、（もしも、ここから二度と出られなくなったら！）と想像したが、扉の内側で行なわれる実験への興味が、恐怖に勝《まさ》った。

私がテルマに任された実験は、5種類の植物の季節ごとの変化を、キルリアン写真を使って1年間、観察することだった。

初めてキルリアン写真を見たとき、私はその繊細な美しさに心打たれた。白黒の背景に映る植物のオーラは、人間のものよりも一段と美しく、白色の炎にも喩えられる見事な光をその葉先から放っていた。

一枚のキルリアン写真から、葉の内部構造がよくわかる。それぞれの葉脈は、細胞核に似た、小さな灰色の泡でできた細かい境界線によって縁取《ふちど》られている。それをカラー写真で撮ってみると、その泡の縁取りは、クリスマスツリーの電飾のように明るく輝いていた。オーラの外側ほど色は薄くなり、紫がかった青色をしている。光の強弱は、植物の種類や季節によって左右されるのである。

キルリアン写真とは、(それが生命体であれ、無機物であれ)、その対象が発する普通では察知することのできないエネルギー場、つまりオーラを記録するためのものだ。このオーラは、からだの外1メートルから、それ以上伸びている。一部の霊能者たちはそれを見たり感じたりできる。

私には、子ども時代から抱いてきた疑問があった。それは、いつも必ずというわけではなかったが、私は他人から伸びてくる、目に見えない触手を感じ取ることができたり、あるいは、一言も言葉を交わさないうちから、相手に対する好意と嫌悪の判定がついた。おそらく、相手のオーラを感じ取っていたのだろう。実験をとおしてそのことを強く意識した。

キルリアン写真の撮影方法は、実に単純だった。知覚遮断室に入ると、約30センチ四方の撮影用の板の上に、一枚の葉っぱを直《じか》に乗せる。それからシャッターを押す。そして、現像。これだけだった。通常は10枚の葉っぱを、それぞれ表と裏から1枚づつ撮り、その結果を比較できるようノートに貼り付けた。葉っぱは、撮影の2時間前に、自宅の観葉植物の中から、特に生きのいいものを選んで集め、それを封筒の中に密封してから研究室まで持っていった。カラーのキルリアン写真は、息を呑むほどの美しさだったが、研究室の予算を遥かに上回って高価だったので、私の記録用ノートは主に白黒写真で埋められていた。

植物は、季節ごとの変化に敏感に反応した。秋、冬の間は、葉を取り囲むオーラが収縮している。4月になると、光の繊毛が徐々に葉の外へと広がり始める。それは、人が深い眠りから覚めて、伸びをするように見えた。そして、最も劇的な変化を見せてくれるのは、6月だった。葉のオーラは一気に広がり、それは9月ごろまで続いた。

そのうち、私は植物が人にも反応する点に気がついた。

ある日、ボルチモアにあるジョン・ホプキンズ大学から、著名な精神病学者が研究室を訪ねてきた。彼は、横柄で騒々しく、端《はな》から私たちの研究に興味がないのが見て取れた。

(なんて不愉快な人なのかしら！)

しかも、彼の訪問の目的は、私たちの研究を中止させることにあった。それで、ちょっとした悪戯《いたずら》を思いついた。まず、蔦の写真を撮って、そのオーラの直径を測定しておく。次に、その蔦の葉に、彼の人差し指を近づけるよう頼んだ。すると、蔦のオーラは、元の大きさの半分にまで縮んでしまったのだ！　この学者に対する私たちの感情と、蔦の葉のそれとは見事に一致していたのである。彼が、立ち去るのを見届けると、皆ホッとしたのを覚えている。

『幻の葉効果』というのをご存知だろうか？　これは、「エネルギーの残像」のことで、葉っぱの一部を切り取ったあとでも、元あった葉の痕跡が残る。このことから、人が手足の切断手術を受けたのちも、なぜ「幻の痛み」を訴えるのか、説明がつくはずだ。つまり、手足はすでに失われていても、そのオーラは、手足のかたちの残像を残しているのである。それが、現実に「痛みを」感じる一因となっている可能性がある。

私は何ヶ月も、この「幻の葉」の写真撮影を試みていたが、一度もフィルム上に失われた葉のオーラの輪郭部分を現像できたためしがなかった。ところが、この「幻の葉」を、いとも簡単に撮影してしまう学生がいたのである。彼は、サンタバーバラ大学のロンといい、週末になると、私たちの研究室にやって来るのが常だった。彼の「幻の葉」には、何のトリックもなかったし、写真装置や葉の種類に違いがあるわけでもなかった。

「ロンにはね、その〝センス〟が備わってるのよ」とテルマは言った。私もその説明に頷くしかなかった。

結果的に、私は1年以上もキルリアン写真と関わることになった。その間、手を葉っぱの上にかざすと、そのエネルギー場をはっきりと感じられるようになった。それは、くすぐったい感覚とでも言うのか、葉っぱから30センチほど手を離しても、目を閉じていようと開けていようと、まったく同じだった。訓練を積むうちには、遂に、手を使わなくても直観でこのエネルギー場を感じ、見ることができるようになった。これは、私が、よく隣りに居合わせた人の気持ちを読み取ることがあるのと、相関関係があるようだった。

☆　☆

神経精神病学研究所（ＮＰＩ）の内部が、にわかに騒がしくなってきた。かの有名なイスラエル人霊能者ユリ・ゲラー氏が、研究室の実験に参加することになったのだ！　彼の人気はすごかった。彼がやって来る数週間も前から、フロントの受け付け嬢がソワソワするほどだった。

ユリが予定していた実験内容は、たとえば、「太い金属の棒を、一切触れずに曲げてみせる」だとか、「念力によって、壊れた時計を修理してみせる」といったものだった。

大学の事務員でキリスト教原理主義者のナンシーは、「ユリがやっていることは、『悪魔の仕業よ」と、非難した。

霊能者のジーンは、「ユリは、本物だ」として、一歩も譲らなかった。

猜疑心の強い薬理学者のスタンは、「ユリはニセモノで、卓越《たくえつ》したトリックを仕掛ける手品師以外の何者でもない」と、主張した。

私は……どう考えたらいいのか、かいもく見当がつかなかった。

ユリがやって来るというその日、研究室の狭い空間は、彼の離れ業をひと目見ようとする研究者や学生、霊能者、そのほか野次馬で、ぎゅうぎゅう詰めだった。中には、ステイタスの高いことで知られる『ポピュラー・フォトグラフィー』誌の西海岸地区担当編集者の顔も見えた。このあまりの混雑振りに、招待状を持参した人以外は、すべて追い返さねばならない始末だった。

研究室に現れたユリは、正真正銘のスターだった！　彼は、ウェーヴがかった黒髪と、光る大きな瞳をした、大変ハンサムな20代だった。

ユリは、まず自信たっぷりに部屋中を闊歩しながら、最も単純明快なやり方で観衆を惹きつけていった。その姿は、注目を集めようとして躍起になる幼子のようにも見えた。ユリには、魅惑的な部分と、少年のような雰囲気が同時に漂っていた。（その手にまんまと乗るものですか！）私は、必死の抵抗を試みたが、いとも呆気なく、彼の魅力に嵌《はま》ってしまった。

ユリは、まずイスラエルの従軍芸人として出発したという。サイキック・リーディング（霊視）と、金属曲げをしながら国中を旅して歩いていたらしい。著名な心理学者であるアンドリア・プアリッチは、テル・アヴィヴのクラブで初めてユリを知った。そして、ユリが手を一切触れずに指輪を曲げてみせる能力に、大変な衝撃を受けた。それが縁で、プアリッチは彼をアメリカまで連れて来たのである。

ユリのパフォーマンスは当初から優れた奇術と高い霊能力をミックスしたものだ、というのが世間のもっぱらの見方だったが、そのどちらなのかを、はっきりと見分けられる人はいなかった。芝居がかった登場のあと、ユリがテルマの隣りの椅子に納まると、観衆が彼の周りに群がった。

実験は午後1時から始められる予定だった。私は、後ろのほうから遠巻きに眺めるのが精一杯だったが、バリーが私の手をつかんで、最前列まで引っ張り出してくれた。目の前のユリをじっと観察していると、イスラエルでのパフォーマンスの中に、女性の下着の色を片端から言い当てる、というのがあったのを思い出した。それは、笑いをとるための巧妙なやり方に違いなかったが、絶対に私のことは選んで欲しくなかった。

実験は金属曲げで始まった。テルマは、ユリにごく普通の台所用フォークを手渡した。フォークを手に取ったユリは、優しくそれを撫《な》で始めた。それからそのフォークをみんなの前に高く掲げて見せたかと思うと、大きな声で、

「曲がれ！」

と命令した。

一瞬、彼が冗談を飛ばしているのか、と思った。

「曲がれ！　曲がるんだ！」

彼は、おそらくもうあと5回はそう叫んだと思う。そのあと、彼は何事もなかったかのように、静かにフォークをテーブルの上に置いた。すべての目が、そこに釘付けになった。

だが、何も起こらなかった……。いや、最初のうちは何も起こらなかった、と言うほうが正しかった。

突然、フォークの先端部分が内側へと丸まり始めたかと思うと、最後には、小さな金属の塊りのようになってしまったのである。

（信じられない！）

と、思わず口を滑らせそうになったが、私は、それをやっとの思いで呑み込んだ。それというのは、私の驚きを外へ漏らすことによって、他の人たちを扇動したくなかったからだった。

しかし、フォークのことは、ほんの手始めに過ぎなかった。完璧なショーマンであるユリは、

机の引き出しに入ったフォーク、ナイフ、スプーンといったテーブルセット一揃いを、次から次へと曲げたのである。1時間もすると、ローラーで押しつぶされたような金属の残骸が、机の上にズラリと並べられていたのだ。

あなたがもし、自分の常識がわずかな時間内に覆されてしまったとしたら、一体どうだろう？しかもそれが、ユリのように、自分のことしか眼中になく、世間の注目を集めたがっている人間によってだとしたら？

私は、無言でその場に立ち尽くしていた。喉は、カラカラだった。バリーが興奮しているのは、すぐにわかった。なぜなら、嵐のような超早口でまくしたてていたからだ。薬理学者のスタンは、「僕たちは、まんまと誤魔化されたんだよ！」と捨て台詞を残して立ち去った。だが、ユリには、科学者を含め、多くの賛同者がついていることも確かだった。

ユリのパフォーマンスを公平に評価するのは難しかった。特に理解不能な出来事を次々に見せられたあとでは、なおさらだった。だが研究室のメンバーの一致した見解は、〝ユリの才能は本物である〟というものだった。

彼は、才能あるペテン師に過ぎないのかも知れない。それでも、私はユリに好感を持たずにいられなかった。なぜだろう？

ほんの少し前まで、私は自分の霊能力を人前にさらすのを極端に恐れていた。なのに、ユリの態度の中には、自分の才能を世の中に証明したい、という大胆でストレートな欲求が感じられた。

きっと、それが私の心の特別な琴線《きんせん》に触れたせいだと思う。

ユリが去ったあと、テルマはお土産にと私に曲がったスプーンをくれた。それを自分の古い大型フォルクスワーゲンの助手席にそっと置くと、ヴェニス・ビーチへと家路をとった。

私の頭はフラフラだった。強いコーヒーを何杯も飲んだときのように、興奮していながら、同時に消耗しているような不思議な感じだ。だがここら辺でギアを入れ替えて、仕事のことは忘れなければならなかった。自宅の冷蔵庫の中は空っぽだったし、何日分もの洗濯物が、山と積まれていたのだから。

曲がったスプーンを手に（まだ、少しめまいがしていたが）、私はアパートの2階にある自分の部屋に続く階段を、重い足取りで上っていった。そしてポケットに手を突っ込み、部屋の鍵を探った。鍵を手にして鍵穴に鍵を差し込んで回そうとしても、途中で引っかかってしまう。

（何かが、変だ！）

私は、玄関の明かりのスイッチをひねると、その鍵を引き抜いた。それは間違いなく家の鍵だったが、もう使い物にならないほど見事に反り返っていた。

（ああ、何てことなの！）

もちろん、ユリの仕業《しわざ》に違いなかった。

「信じられない」

私は頭を横に振った。それから大きな笑い声を上げ、靴ぬぐい用のマットの下に手を差し込んだ。
（スペアの鍵をここに隠しておいて本当によかった！）

☆　☆

私の二親がそろって医者だったこともあり、病気や怪我は薬や手術で治療するものと思っていたが、そうでもないようだ。からだに触れるだけの癒しでも、かなりの効果が得られるのだ。

病気になると、私は内科専門医を訪ねるのが常だった。

医者は心音や肺の音を聴き、問診を行なって処方箋を書く——が通常のコースだが、ジャック・グレイの治療法はまったく違っていた。

ジャックは世間でも評判のヒーラーだった。

ミッチェルという若い男性が、瀕死の事故に遭遇した。彼のバンは乗用車と正面衝突し大破、破片が彼の足に40ケ所も突き刺さった。靭帯と骨もひどい損傷を受け、整形外科医、血管手術専門医、形成外科医から成るチームは、完治の望みもなく、しかも感染症の危険が高いその足を切断するように、ミッチェルに勧めた。

ミッチェルも、それが最善策だとわかっていたが、決断しかねていた。

ミッチェルはそこで大きな賭《か》けに出た。リスクを覚悟の上で、ジャックの祈りと手かざし療法と催眠術による治療に踏み切ったのである。

するとどうだ。医者たちが見放し不可能と思われていたミッチェルの骨、筋肉と神経組織が再生したのだ。

ヒーリング指導のため、月に何回かこの研究室にやって来ていたジャックは、一見すると仕事から退いた保守的なビジネスマンのような印象で、こざっぱりとした身なりだった。親切で親しみやすく、どことなくフレッド・アステアに似ている点を除けば、ごくごく普通である。

彼は、知覚遮断室の中で、ガン患者から心臓疾患の患者、そして骨折の患者と幅広く診た。研究員の幾人かは、治療現場を観察することを許された。

ある日のこと、胃部に腫瘍のある女性が、苦痛を訴えてジャックを尋ねてきた。

彼女は診察用の台に横になり、目を閉じた。

ジャックの「治療」が始まった。

彼女のからだの上、約10センチのところでジャックは両手をかざし始めた。「磁気の道」と彼自身が名づけた治療法だ。彼女の頭のてっぺんから、つま先までを何回か行ったり来たり、あるいは横切ったりしたあと、今度はからだに直接両手のひらを置いた。そして位置を変えながら、各々数分間くらいづつ、それを置いたままにした。まずは心臓から、次に頭頂に移り、喉、腹部ときて、最後に足の裏で終わった。

患者たちに治療を施すジャックの動きはごく自然で、冗談を交える余裕があった。それを受けて、患者たちも大変リラックスしていたので、目をつむったその顔のあまりの安らかさに、私はしばしば（ちゃんと、生きてるのかしら？）と、心配になったほどだ。

治療を始める前には、あれほど痛みに歪んでいた顔も、治療が終わるころには、みんな申し合わせたように晴れやかな顔つきになっていた。その上、ジャックのヒーリングは周囲にも影響をおよぼすのか、そばで見ていた私の気分までグッとよくなった。

ジャックの患者に、クレアという若い主婦がいた。彼女は自動車事故で腰を痛め、激痛を抑えるため鎮痛剤を頻繁に使用していた。しかし、服用すると痛みは抑えられるものの、気分がひどく憂鬱になり、なにもできなくなってしまう。医者はどうすることもできないと、サジを投げていた。クレアはどうにもならない状況に陥っていた。ジャックは、そんな彼女の最後の救いだったのである。

さきほど、ジャックのヒーリングは周囲に影響をおよぼすと言ったが、マイナスのパワーもまた影響するようで、クレアが研究室にきて数分としないうちに、私の腰が鈍痛を感じ始めた。椅子に座っていても鈍痛がどうにもならず、頻繁に姿勢を変えざるをえなかった。

同じような体験を数年前にも味わっていた。友人と一緒に芝生の上で昼食を食べていると、突然胃が痙攣し、激しい痛みと吐き気に襲われた。このことを友人に告げると、友人も同じだ、と言う。ところが彼女が行ってしまうと、私の症状は嘘のように消えてなくなった。そのときの私は、まさか自分が他人の痛みを感じていたなどとは、夢にも思わなかった。

午後の研究室で、ジャックに自分のこの〝反応〟について聞いてみた。するとジャックは納得した顔で、こう言った。

「霊能者は、自分の周囲の人間の肉体的症状をも感知するものなんだよ。それは、感情移入の強烈な形なんだ。でも、その原因不明の痛みを怖がって、抵抗すればするほど、逆にそれに捉えられてしまうのさ。そんなときは、努めてリラックスを心がけて、その症状に身を任せてみてごらん。それが、コツさ」

ジャックの治療法は、弱った患者のエネルギーの流れをよくして自然治癒力の発動を促すというもので、たちどころにガンが消滅してしまうことはなかった。しかし患者たちは確実に快方に向かったため、周囲は彼に信頼を寄せていた。

患者が回復への希望を断たれ、自暴自棄になったそのときこそ、ジャックの出番だった。ジャックは、そんな患者の希望に再び火を灯す。すると、患者のほうでもそれに応えて〝よくなろう〟と努める。こうした双方のやり取りから、遂には本物の癒しが生まれることになったのだろう。

そしてジャックと患者たちは「死」をごく普通にテーマにして話し合っていた。

誰から教わったというわけでもないのに、私はなぜか幼いころから〝死後の世界は存在する〟と信じていた。私の通っていたユダヤ人学校やユダヤ教会では、死後の世界について、ほとんど語られることはなかった。ラビ（ユダヤ教の司祭）の説教は、魂の真実についてよりも、政治や倫理のほうに重点が置かれていたので、私の霊体験を打ち明けられる人はいなかった。しかし今は違う。自分の信念や体験を積極的に発言できる〝研究室〟にいるのだ。

研究室には様々なヒーラーがやって来て話を聞かせてくれるが、キャロラインの話は特に私の興味をひいた。話とはこうだ。

心臓弁膜手術を受けていた女性患者の心臓が、手術中に停止した。

心臓が停止した女性は死の世界をかいま見ることになり、蘇生後にその様子を語った。

心停止の瞬間、彼女はまばゆいばかりの黄金の光に満たされ、どこまでも続いている長いトンネル状の中にいたそうだ。永遠の安らぎを感じる中で、このままここにずっといたいと思ったそうだ。それほど心地のいい世界だった。なのに、突然、物凄いスピードでその場から引っ張り出されたかと思うと、彼女は再び病室に戻っていた、と言う。こうして、彼女は蘇生を果たした。

彼女はその様子を担当の医者に話したが、担当医は脳の酸素欠乏が招いた幻覚に過ぎないと無視したものの、本人は、

「たとえ医者が何と言おうと、自分のトンネル体験は本物だ」

と確信していた――というのだ。

私も同じような経験をしている。ツナ渓谷に車ごと突っ込んで、九死に一生を得た、あのトンネル体験だ。キャロラインが語るトンネルと、私が体験したトンネル。ようやく手がかりをつかめたような気がした。

私はその話を聞いて、自分も同じ体験をしている！　と当時の体験を洗いざらい打ち明けた。今までオープンにしてこなかっただけにこのカミングアウト(告白)は私に解放感をもたらした。

キャロラインは笑みを浮かべながら、
「私の患者とあなたの話には細かい食い違いはあるけど、おそらく同じ場所を訪れたのよ」
と言った。そして、私があの事故の折、生命の危機的状況にさらされていたのは間違いない、つまり〝死〟に最も近づいた瞬間だったのだろう、というのが彼女の意見だった。やはりトンネルが完璧な避難場所を与えてくれ、私を救ってくれたのだろうか。

私はそれまでずっと、生と死のはざまに架けられた橋、すなわちトンネルに魅了され続けてきた。そして今では、トンネルには2つの分かれ道がある、と考えるようになった。その1つは、魂が肉体を永遠に離れる道で、もう1つは肉体的生命が終焉を迎えようとしながらも、何かの理由があって、魂が再びからだに戻る道である。

私はあのとき死に直面し、そこから生還したことで、もう1つの世界を垣間見ることができた。そして、それが〝臨死体験〟だったと知ることで〝死は終わりではなく、単に別のかたちへの移行に過ぎない〟と確信を持ったのである。

人間は、神から多くの贈り物をいただいている。霊能力はそのうちの1つに過ぎない。ほかの贈り物に気が付いていないだけなのだ。そう考えると、私たちの可能性は無限なのだ。私はもはや、自分の存在を他人の尺度に当てはめて生きる必要などない、と悟ったのだった。魂は本来、自由なる飛翔を求めて止まないのだから……。

第3章　純粋さの喪失

君の欲しがってるものがいつも手に入るわけじゃない。
でも、それが君に必要なら手に入るさ。

ザ・ローリングストーンズ

【私は広大な空間にたたずみ、聞き覚えのない声を耳にしていた。その声は、「あなたは医学部に進んで、精神科医になるのです。医学博士の肩書きを持つことが、いつかあなたがスピリチャルな仕事を続ける上での信用となるでしょう」と言っていた。それを聞いた私は、何だか特別な任務を命じられた秘密諜報部員のような気分だった。そして（こんなにエキサイティングな任務を断る理由はないわ！）と感じていた。私は、その言葉を信じて疑わなかった】

明け方、私は戸惑いと共に目が覚めた。この夢はいったい何？

＊

両親が2人揃って医者の娘なら、同じ医者を志そうとしても不思議な話ではない。だが本人はまったくその気がなく、タイプでもないと思っていた。

私がまだ高校在学中、両親は私に適職カウンセリングを受けさせた。

カウンセラーは私に分厚い質問用紙の束を手渡した。

質問内容が実にくだらない！

〝あなたには協調性がありますか？〟

〝あなたは手仕事が好きですか？〟

その質問用紙を家に持ち帰り、貴重な時間を8時間以上かけて、質問項目を埋めていった。

後日、カウンセラーは、私の解答を詳しく分析し、そして結果を出した。

「将来、何をするにしても……。医者やカウンセラーなど、人助けに関わるような職業は、絶対にお勧めできないわねぇ。この方面でのあなたの適性は、あまりにも低過ぎるわ。でも芸術関係の仕事なら、あなた自身も満足できて、成功するんじゃないかしら」

ごもっとも、ごもっとも。医者やカウンセラーなんてまっぴらごめんだ。

芸術家なら友達もたくさんいる。彼らは風変わりだったが、両親の医者仲間よりは遥かにましだ。私もいつかは、何らかの芸術家になりたかった。

ところが……、その朝に見た夢は……。

目が覚めたあとも夢が頭から離れなかった。もうひと寝入りしようとしてみても無理だった。私は寝るのをあきらめ、古いスウェットパンツに緑色のセーターを羽織って、ヴェニス・ビーチのコーヒーショップに向かった。

カウンターのうしろで洗い物をしているウエイトレスの他には、客は一人もいない。私は隅の仕切り席へ滑り込んだ。

ジョギングする人や、浮浪者が通り過ぎて行くのを眺めながら、あの夢の記憶に浸り続けた。

ああいった鮮明な夢は、それがどんなに信じ難い内容だったとしても、決して無視してはならないことを、私は研究室で数多く学んでいた。

私は、ジュークボックスから流れてくる50年代の古い曲を聴きながら、濃いコーヒーをすすった。

何時間経っただろう。

私はひたすら考え続けた。

夢で〝医者になれ〟と言われて、それに従う者などいるだろうか？　私にはわからなかった。だが……。

(とりあえず、サンタモニカ短期大学に入学して、試しに一つ授業を受けてみるのよ。それから、結論を出したって遅くはないわ)

そんなふうに思いはじめていた。これくらいなら、私にだって何とかできそうな気がした。学生時代の私は、それほど勉強しなくても、成績は常にトップクラスだったが、高校の3年間は、ほとんど学校から遠のいていたので、再び勉学に復帰できるのか、かなり不安だった。それでも、この新たな挑戦に向けて、努力してみる気持ちになっていた。

9月中旬に始まる秋学期は、数週間後に迫っていた。しかし、申し込みが遅れたので、すでに大方の席が満杯になっていて、残された数少ない選択課目の一つが、気象学だった。まったく興味が湧かなかったが、ともかく授業を受けることにした。難しすぎて途中で逃げ出すかもしれない。私は少々不安だった。

ところが面白いのだ！　これが。

雨や雲が造られる気象の成り立ちの素晴らしさに、たちまち引きこまれてしまった。

（学校って、意外と私にあっているかも……）

などと思い直すようになり、この授業が終了すると、私はもっと多くの授業に申し込んだ。

最初の気象学の授業から9ヵ月後のあるとき、不意にあの夢は正しかったことに、はっきり思い当たった。その瞬間、私は医学部進学課程に進むことを、きっぱりと心に決めた。私は受話器を取り上げた。

「お母さん？　私、お母さんに伝えたいことがあるの。私、医学部に進むわ」

そのあとの沈黙があまりにも長かったので、私は電話が不通になってしまったかと思った。

「お母さん、そこにいるの？」

「もちろんよ、ジュディス。ちょっとびっくりしただけ。だってあんまり突然なんだもの。何だって、前もってひと言相談してくれなかったの？」

私は、母に夢のことを打ち明けた。私がテルマの研究室で働き始めて以来、母はそういったことにも大分免疫がついたようだった。私が話し終えると、また長い間があった。

「それで、お母さんはどう思う？」

わたしは、待ちきれずに尋ねた。

「もしも、それが本当にあなたのやりたいことなら、お母さんはあなたの味方よ。でも、お母さんは夢なんて信じないから、どうなのかしらね。完全に納得がいくまで、いま少し時間をかけて考えてもいいんじゃない？　第一、ジュディスは高校が嫌いだったじゃない。それに医者になるまでの道のりは、本当に長いのよ」

母は、私を傷つけないように、慎重に言葉を選んでいるようだった。私が医学の道に進むことに、母が大喜びなのはわかっていた。しかも娘が人生で初めて、何かに積極的に取り組もうとする姿勢を見せたのだから。

あの夢を見てから数ヶ月というもの、私は、徐々にテルマの研究室の問題点が気になり始めていた。

初めは、研究目的に純粋性を感じていた。でもこの1年、マスコミとの関わりが増えると私たちの研究は次第に汚染されていった。

研究室をモデルにした映画は、霊能力をセンセーショナルに取り扱い、誤った伝え方をした。テレビのショー番組は最悪だった。霊能力を視聴率を上げるための格好のネタとしてしか、考えていなかったからだ。

神経精神病学研究所（ＮＰＩ）の医師たちは、テルマを敵対視していた。もし彼らにその力があったなら、私たちはとっくにお払い箱になっていたことだろう。そんなテルマの研究室は、学部長であるウエスト博士のお情けでやっと存続しているのが実情だった。しかも、研究費用は寄付やテルマ自身の教授料に頼るところが大きく、研究室は安定しているとは言い難かった。

霊能研究への世間の態度を変えていくには、私が医者になるのが最も近道だと思えた。ただ、もし医学の道があれほど厳しいものだと初めからわかっていたら、おそらく医学部を選択してはいなかっただろう。だが幸いなことに、自分の将来について深く考えていなかったし、私は運命の波に乗っていた。つまり、成り行きに任せたのである。

私を医者に向かわせたもう一つの要因は、私の担当だったキルリアン写真が、超心理学者のあいだであまり支持されなくなったことだ。実験のデータが「水分の影響」を示すものばかりが多くなってしまったからだ。テルマは「水分の影響ではない」と完全否定したが、私のキルリアン写真に対する情熱は、すっかり冷めてしまった。

その後、医学を目指す勉強がますます忙しくなると、おのずから研究室に足を運ぶことが少なくなった。

こうして数年が経過し、医学部適性検査を受けるその日が近づいてきた。私は、マークシート方式のテストが苦手だ。こんなもので人生が左右されるのかと思うと、うんざりする。

しかし、その日は来た。

私は1千人の学生たちと一緒に、カリフォルニア大学の学生会館に詰め込まれ、8時間あまり、試験に臨んだ。

試験は終わった。私は完全に失敗したと思った。

日も暮れて、私は出身中学校を訪ね、そこの階段に一人、腰を下ろした。両膝を胸に引き寄せ、ちょうど胎児のような格好になり、涙が枯れるまで思い切り泣いた。しばらくそうしていると、気分が晴れ、自分の中に力が湧き上がってくるのを感じた。私は、再び歩き始めていた。

試験は失敗した……と私は思いこんでいた。

だが信じられないことに、私は合格していたのだ。しかも、両親の母校フィラデルフィアのハネマン大学医学部だった。

両親は飛び上がらんばかりに喜んだ。学費は全額、両親が出そうという。また医学部の大先輩として精神的な支えになろう、と約束してくれたのである。

1975年の8月も終わろうとするころ、私は、バンに荷物と愛犬を乗せ、一路東海岸へと出発した。

引っ越し先は1920年代の古い家を改築した、アールデコ風のワンルームアパートだった。そこはフィラデルフィア美術館に隣接し、通りを隔てた向こう側には、2階建ての女子カトリック修道院があった。部屋の窓からは、等身大の白いキリスト像が見えた。

私はこのフィラデルフィアで2年間、医学を学ぶことになるのだが、授業は過酷だった。ほとんど息抜きらしい息抜きもできず、しかも私は解剖学を苦手にしていた。

人にメスを入れるのに、前もってその心構えもなしにやれというのは無理な注文だ。私はそうしたこともあり、毛嫌いしていたが、解剖学教室の助手のダニエルなどに手助けされ、どうにか単位を取ることができた。

フィラデルフィアでの2年間は、アッという間に過ぎ、私は医者になるための総仕上げとして、南カリフォルニア大に戻った。

医学部の3年目と4年目には、ロサンゼルス州立カリフォルニア大付属医療センターでの3晩置きの当直となった。ロサンゼルスのスラム街を見下ろす3階建ての病院だった。

ここでの勤務はハードだった。私は、一部屋に4人の医者たちと一緒にされ、2段ベッドで眠った。ポケットベルは夜通し鳴り続け、1時間か2時間でも眠ることができれば、ましなほうだった。

疲労もピークにさしかかったある夜、私はロッド・スチュアートのコンサートに招待された。

前夜は当直の番だったが、友人がそのチケットを手に入れるのがどんなに大変だったかを聞いていたので、キャンセルするわけにはいかなかった。

コンサート会場中に響き渡るロックンロールの曲に、雷鳴のような手拍子で調子を合わせながら、4万人もの聴衆がわめき叫んでいた。その騒ぎの中で私はほんの一瞬、デートのお相手に頭をもたせかけ、そしてスヤスヤと眠ってしまった。ロックの激しいリズムは心地よい子守歌だった。

☆

医学部4年生のとき、私は最も重症の精神病患者が収容されている〝4A病棟〟を交代で受け持つことになった。

あれは、日が落ちてから大分経ったときだった。

患者たちが集う団欒室《だんらんしつ》脇の廊下に私が立っていると、女性の泣き叫ぶ声が耳をつんざいた。背筋に悪寒が走るような、突き刺すような悲鳴だ。

白衣の病院関係者4人と、警棒と銃を携えた警官1人が、ストレッチャーに華奢な20歳前後の美少女を乗せて、こちらに向かってくるのが見えた。

4A病棟の入り口が開く。彼女の手足は錠付きの頑丈な革の拘束ベルトで縛られていたが、激しく身悶えし、抵抗した。筋肉隆々の男性5人がかりでも、彼女を押さえ込むのに四苦八苦していた。私はこの拷問のような仕打ちにあっている彼女の顔を、まともに見ることができなかった。

そのとき突然、ストレッチャーが壁に衝突した。白衣の4人は一瞬バランスを失い、ストレッチャーは倒れそうになった。

精神科研修医（彼は、どう見ても20歳そこそこにしか見えなかった）が、叫びながら廊下を走ってきた。

「5ミリグラムのハードル剤をすぐに持って来てください！」

婦長のジャネットは心得た様子で、素早く注射器に明るいピンク色の液体を満たし、注射器内の気泡を人差し指で軽く叩いて抜くと、研修医に手渡した。ジャネットは、もう20年以上も4A棟で勤務してきたベテランだ。私は注意深く、彼女に近づいた。

「一体、何が起きたんですか？」

「あの子はね、頭が変になってるのよ。自分が未来を予知できると思い込んでるんだから。名前はレイと言ってね。統合失調症患者なの。ここの常連よ」

（精神の病？　未来を予知するですって？　どうしてベテランのジャネットは、この二つを結びつけて考えるのかしら？）

私はふと疑問に思い、質問しようとしたが、口をつぐんだ。

研修医がピンク色の液体をレイの左臀部に注入すると、小さな呻き声が聞こえた。数分後、彼女は力尽きて横たわった。強力な抗精神病薬の〝ハードル〟が効き目を現したのである。それから、彼女は隔離室へと運ばれていった。

騒動が一段落すると、消耗しきった例の若い研修医が私のほうに近づいて来た。

「レイは、あなたの患者ですからね。お願いしますよ」と告げた。

（とんでもないわ！）と、内心尻込みしかけたが、私のローテーションの番だったので、選択の余地はなかった。

翌朝、私はレイを回診した。引継報告によれば、彼女は昨夜のうちにさらに2回の追加ハードル注射を受けていた。

「私はオルロフと言って、ここの医学部の学生です。あなたとお話するためにやって来たの」

私は、レイに声をかけた。

彼女はニッコリ笑った。昨日とは別人のように機嫌がいい。しかも協力的だ。でも私は用心した。レイが再び暴れだした場合を想定して、いつでも逃げ出せるよう、戸口の近くから離れなかった。

それからの数週間で、レイについて詳しく知るようになった。彼女が予言を語るときは、凶暴的で激しかった。しかも、彼女の母親によればレイの予言はしばしば的中するとのことだった。

医学部では、統合失調、不安神経、躁鬱といった類《たぐ》いの病気は、生化学的なアンバランスによるもので、薬（ハードル、バリウム、リチウム、抗欝剤など）で治療可能だと教えていた。4A病棟では、私は毎朝正味1時間の精神病理学の講義に出席していたが、ある朝、レイが霊能者だと思うかどうか、講師に質問してみた。答えはもちろん〝ノー〟だった。その講師は、単純に霊能力というものを信じていなかった上、予言や透視能力は、重大な精神異常と関連がある、と考えていたからだった。私のこの質問は、講師に奇妙な印象を与えてしまったが、レイが精神科医としての私の初めての受け持ちだと理解していたので、〝初心者の無邪気な質問〟だと良いほうに解釈してくれた。

結局のところ、私の〝霊能力と精神病〟の相関関係に対する考えに方向性を与えたのは、レイが〝ハードル〟によって、劇的な変化を見せたことによる。理性と穏やかさを取り戻した彼女は、もはや自分の予知にこころを奪われることもなくなった。そして2週間後、退院を認められたのだ。

この事実を目の当たりにして、テルマの研究室で出会った霊能者たちは、社会に順応できる一握りの人に過ぎなかったのではないかと思いはじめた。なぜなら、医学部に在籍している間、私は遥かに多くのバランスを失ったタイプの人を目にすることになったのだから。

この後、私はカリフォルニア大学医学実習生および精神科研修医として2年間、3晩置きに緊急治療室で勤務することになった。これは肉体的にも精神的にも厳しかった。ただただ追いまくられるだけで、非番の日は、家で泥のように眠りこけた。

病院では毎度おなじみの光景が繰り広げられていた。警官が縛られた患者を運んでくる。私は看護婦にハードル注射を打たせる。すると、まもなく患者から予言などの霊能力が遠ざかっていく。

このお決まりのコースに、いつしか私は自分のしていることの本当の意味を見失ってしまった。そして遂には私自身が〝霊能力は精神異常の合図〟と見なすようになっていったのである。

☆　☆

緊急事態は絶え間なくやって来た。これらに対応するには、仲間の研修医との結束と連係プレーが求められた。それが、私たちに仲間意識を芽生えさせた。私たちにとってこれは「戦争」だった。ここはまぎれもなく戦闘地で、人の精神の複雑に込み入った層を、ゆっくりと時間をかけて理解する贅沢さなど持ち合わせていなかった。

精神に異常をきたした患者を一刻も早く回復させる——これが私たちの使命だった。

精神科研修医の最後の年に割り当てられたのは、〝気分障害のためのクリニック〟だった。ここでも私は、アーニーという株のディーラーが、投薬によって重度の躁鬱病から見事に職場復帰を果たした例を見せつけられることになった。〝薬〟がいかに効果的か、いかに人生を良い方向に変えることができるかを……だ。

薬を処方して患者たちが元気を回復するのを見届けると、私は、

（これでいいんだわ！）

と感じた。薬が究極の解決法と錯覚し、それに夢中になってしまった。ほかの治療法？　そんなのあるはずないわ。あっても、薬にはかなわないわ。

私は傲慢になり始めていた。

（患者は単に〝病人〟。医者であるこの私が彼らを治すのだ）

そんなこころが芽生えていた。

実際に、薬の力で多くの場合、本当に彼らを治すことができたので、私はますます傲慢になっていった。

精神科医という立場、薬という強力な味方。

私の直観は確実に死につつあった。

こんなことがあった。

私の親友のキャサリンは、ボールディー山の山小屋にたった一人で生活していた。医学部進学前、私はよく愛犬を連れて彼女を訪ねたものだった。小屋の下わずか4メートルのところには川が流れていて、雨上がりに水かさが増すと、流れは雷鳴のように轟いた。早朝、私たちは川べりを長いこと散策し、珍しい石を収集して楽しんだものだった。

ところが、医者となってからは、どの石も同じようにしか見えなくなった。

目が悪くなったのではない。私により分ける感性がなくなったのだ。

インターン期間中、私はウエストウッドにある退役軍人管理病院のホスピスユニットで当直を担当することになった。ここは、末期患者が死を迎えるための別病棟だった。そこでの私の主な仕事の1つに、死亡確認作業というのがあった。

私はこのホスピスで過ごした最初の夜を、決して忘れないだろう。

その夜、私は3階の大部屋を仕切って作った簡易休憩室に宿直していた。宵の口は、科学フィクション小説を読んで、これから私を待ち受けているビッグイベントのことを、努めて考えないようにした。

(どうぞ、このまま何事も起こりませんように!)

だが、午前2時、遂にそのときがやって来た。

電話が鳴り、私は暗闇の中で、受話器を探った。

担当看護婦のうんざりしたような声が聞こえてきた。

「オルロフ先生。ビルがたった今、息を引き取りました。カルテに記録をつけてから、死亡診断書にサインをいただきたいので、下りて来てもらえないでしょうか?」

手足からサッと血の気が引いていくのがわかった。起き上がると、私は手のひらを強くこすり合わせた。ビルは、転移性の肺がんに冒された70代後半の元バスの運転手だった。私は水を叩きつけるようにして顔を洗い、髪を素早く梳《と》かすと、延々と続く薄気味悪い廊下をビルの部屋目指して向かった。胸元では、聴診器が揺れていた。

夜勤の看護婦は、悠々とダイエットコーラの缶をすすりながら、ビルのカルテを私に手渡し、彼のベッドに案内した。ビルの娘がやって来ていて、隅の椅子の上に泣き崩れているのが見えた。

ビルの遺体は、糊の利いた白いシーツで覆われていた。私が一番やりたくなかったのは、そのシーツをめくることだった。が、その前に永遠に立ち尽くしているわけにもいかなかったので、私はやっとの思いでそのシーツをめくった！

そこに現れたのは、ビルの硬直した穏やかな顔だった。それは、人間と言うより、蝋人形のような感じだった。私はゆっくり手を伸ばし、彼の頬に触れた。それは、まだ生温かかった。

（さあ、これからどうすれば良かったのかしら？）

私の頭の中は真っ白だった。とりあえず、人差し指をビルの頚動脈に置いた。

（何も感じられない……）

だが、これだけでは、死んだ証明にならない。助けを求めようと、私は看護婦のほうを見たが、彼女は電話に忙しかった。そこで、仕方なくポケットから懐中電灯を探り、ビルの目を照らすと、瞳孔はじっと固定して開いたままだった。私は、やっと一息ついた。なぜなら、これは、ビルが確かに死んだ、という証拠だったからだ。

だが、これですべてが終わったわけではなかった。実はこのとき、ビルのプラスチックのような肉体から抜け出た魂が、生きている私たちと同じ存在感で、私のすぐそばにいるのがわかったからだった！　しかも、時間が経過するにつれ、ビルの苦難が終わりを告げ、そのあとには〝愛〟としか表現することの出来ない、最も純粋な形に昇華した人間のエネルギーだけが存在していたのである。肉体は死んだが、魂は消滅しなかったのだ！　私は、畏敬の念に満たされていくのを感じていた。

こうして、死に立ち会うたびに、私は心を動かされた。だが、自分の見たことは誰にも言わなかった。信じてもらえる保証などないし、そんなことを口走っただけで妙な目で見られることは確かだった。それに医学部の誰もが、死を話題にすることを避けていた。死後のことは、僧侶や牧師の仕事であって、医者の仕事ではないと割り切っていた。

私が体験している魂の真実を誰にも告げずに周囲にとけ込むことは、はやり苦しかった。しかし、どうすることもできなかった。

どこかに消え失せてしまったと思った私の直観の部分は、実は誰も触れることのできない場所で、密かに生き続けていたのである。

第4章　分裂を元どおりに

筋道だった理論体系に通じる思考のために役立つのは、直観である。

アルバート・アインシュタイン

センチュリーシティー・メディカルプラザの18階からは、サンタモニカ山脈、水平線に沈む太陽が望めた。

ビジネス街の一角に建つこのビル内に、私は精神科診療所を開業することになった。近くにはフォックス映画のスタジオや、ＡＢＣテレビのオフィス、それに48階建てのツインタワービルがあった。

両親の経済的援助も得て、最も名高いメディカルビル最上階のテラス付きオフィスを借りることができた。壁には、ラミネートで覆った卒業証書と修了証書を飾ることにした。ただし問題があった。というのは私の選んだ地区は、（マンハッタンを除いて）ビバリーヒルズ、ウエストロサンゼルスと共に、セラピストたちで溢れ返っていたのだ。つまり商売敵《がたき》がたくさんいたのだ。

しかも、私は営業が苦手ときていた。

母は、この地域にふさわしい服や車、それに看護士やスタッフを用意してくれた。

こうして、私は精神科医として大変に恵まれたスタートを切ることができた。

そのおかげもあってか、医師の激戦区でもあるこの街で、私のクリニックは繁盛した。

でも……、こころのどこかに何かを置き忘れてきているような思いがあった。

それは何だろう。取り戻すことができるのだろうか。無理だ。

この〝何か〟を取り戻すために、もう一度同じ道を辿って帰るエネルギーも意気込みも、今の私にはない。ならば、失ってしまったものは潔く諦めて、目の前の現実だけに集中するほうが、賢い選択ではないのか。

私がその当時思い描いていたのは、典型的な精神科クリニックだった。

日中は患者を診て、夕方は入院患者を回診、そして症状にあわせた薬を処方し、あわせて近代的な精神療法を取り入れる、というものだった。

カリフォルニア大学では、地域の指導者や開業医も参加する、精神療法の授業が行なわれていた。中心となったのは、古典的なフロイト派のセラピストたちだった。

彼らは投薬治療よりも、精神療法に重点を置いていた。この療法の特徴は、セラピストのプライバシーに関わることは、秘密にしておかねばならない点で、同時に患者とセラピストは何の偏見も持たずに向き合うことだった。そのため患者とほとんど会話をしなかったり、あるいは患者から見えないところにセラピストが座っているということもあった。

私がこのようなスタイルを手本にしたのにはわけがあった。父は放射線技師で、患者たちとの接触が極めて少なかった。他方、母は患者たちと仲良く交際し、一緒に休暇を過ごすほどだった。だからといって、母の医者としての権威が損なわれることはなかった。なぜなら、母は〝ファミリードクター〟であって、精神科医ではなかったからだ。両親ともに医療に従事していたが、精神科医として手本になることはなかったのだ。

初めての患者として私の診療所にやって来たのは、シンディーだった。

彼女は、離婚に踏み切ろうとしている若いメークアップアーチストだった。ビバリーヒルズの有名なビューティーサロンに勤めていて、紹介者はそのサロンの辣腕《らつわん》経営者であり、私の両親の親しい友人でもあった。そういうわけで、私は両親にいいところを見せたかったし、とにかくシンディーを手放さないようにと意気込んでいた。

その日、シンディーは不安そうな面持ちで診察室に入ってきた。赤毛の妖精のような彼女は、結婚生活が破局を迎えつつあることにひどく取り乱していた。セラピー中ずっと泣き続け、ティッシュ一箱を使い切ってしまった。私は、治療どころではなかった。気が付くと彼女はすっかりこころの内を吐露し、すっきりした顔になっていた。要するに、私はただの聞き役だったのだ。シンディーは週に一度の「治療」の予約を入れて、帰っていった。

シンディーが働いていたサロンは、月に一度、私が足をワックス脱毛してもらう場所だった。

サロンは大繁盛していたので、まさかシンディーと顔を合わせることなどないだろうと思っていた。

ある日の午後、私がサロンの離れの部屋で脱毛処理を受けていると、ノックとともに女性が入ってきた。なんとシンディーではないか。間違って部屋に入ってきたようだ。

シンディーと私の目が点になったのはいうまでもない。私は革のマッサージ台の上に、あられもない姿で伸びたカエルのように仰向けになっており、大きく広げた足は、黄色の脱毛用ワックスで覆われていた。しかも、下着はショーツ一枚だけ。シンディーは決まり悪そうに丁重に詫びると、そそくささと部屋を出て行った。

私の面目は丸つぶれだ。シンディーとのあいだに、精神科医としてプライバシーを挟まない関係を維持していくという精神療法の原則は、いとも呆気なく崩れ去ってしまった。

しかし、私の落胆をよそに、シンディーは却《かえ》って私を身近に感じられるようになったらしい。以来、私たちのセラピーはスムーズに進むことになる。これは予想外の展開だった。きっと神さまからの〝ジュディス。精神科医は、もっと人間的であっていいのよ〟とのメッセージだったのかもしれない。

そもそも、患者に対して医者としてのプライバシーを完璧に守れるはずがない。医者も人間だ。浜辺をジョギングすることもあるだろうし、映画を観ることもある。銀行にだって行くし、レストランで食事もする。医者も患者も同じ街で生活しているのだ。どこかでばったり顔を会わせる可能性のほうが高いのだ。医者のプライバシーを明かしてはならない、などと医学の教科書に書いてあっても、土台無理なのだ。

個人診療を始めて、間もないころだ。私は、イヴの治療に当たることになった。彼女は90歳になる未亡人で、末期癌の娘を抱え、そのためにイヴは精神的にかなり不安定になっていた。そして、数ヶ月後、末期癌の娘さんが亡くなった。

イヴから電話があり、そばにいてほしいと頼まれた。ホスピスの廊下を歩いて行くと、イヴの声が聞こえてきた。私は動揺を覚えたが、覚悟を決めて病室に入った。すると、彼女は室内をあちこち歩き回りながら、呻き声を上げていた。

こんなとき、どう慰めたらよいのか？

イヴは、私の姿を見ると、小鳥のようにか細い腕を私の肩に巻きつけてきた。私は、このような激しい感情の発露にはまったく不慣れだった。それに、そのときの私は教科書で教わったとおり「患者はセラピストに触れてはならない」と考えていたし、「慰めるのは、家族の役目だ」とも思っていた。だが、娘に先立たれたイヴに、もはや家族はいなかった。

子どものようにしがみついてくるイヴを、何度か姿勢を変えてかわそうとしたが、無駄だった。しかたがない。私は覚悟を決めた。私はイヴをあやしながら、ベッドの上に2人で腰掛けた。

私たちのすぐ横には、石のように冷たくなった娘の遺体が眠っていた。

すると、不思議なことが起こった。

私はイヴを実の祖母のように抱きしめることができたのだ。

イヴは一時間以上も私にすがって泣き続けた。イヴがようやく泣き止むと、私たちは腕を組んでカフェテリアへ向かった。そして、ガチャガチャと物音を立てる盆やタバコの匂いの中で、イヴの娘を偲《しの》びながら、しばらく会話した。

この行為は、医学部で学んだ正しいセラピーではない。それはわかっていたが、そんなことはどうでもよかった。なぜなら、これこそがそのときイヴに必要とされていたことだったからだ。

開業して最初の6ヶ月は、矢のように過ぎていった。地域の開業医仲間たちが患者を紹介してくれ、有難いことに患者予約はすぐ一杯になった。私は医者としての自分に自信を持ち始め、確かな居場所を見出したと感じていた。

ところが——。

＊　＊

プロローグで述べたクリスティーンの事件が起こったのは、正《まさ》にこの時点だったのだ。

精神科医として本当にこれでいいのだろうか。予感とか予知といった医学の教科書には載っていないとはいえ、無視してもよいのだろうか。私は、彼女の自殺を予知していたのに、無視をしてしまった。なぜ？

私はこれまでの歩みを振り返らざるを得なくなった。私が医学の道を志した理由は、霊能と科学の世界の橋渡しをするためだったはずだ。それなのに、今の自分は？

クリスティーンの横で、徹夜の看病を続けるうち、私はすべてを思い出した。

しかし、だからといって、具体的にその一歩をどう踏み出したらよいのか、かいもく見当がつかなかった。

それからの私は、時折、神経精神病学研究所（ＮＰＩ）を訪ねることにした。

ある日の午後、そのＮＰＩで小児科医のスコットに会った。彼は、私の知る限り、テルマの研究室と関わりのある唯一の医者だった。しかも、従来の医療訓練を積んできた小児精神科医でありながら、当時の医学界において正統とは認められていない〝癒しのアプローチ〟についても評価していた人間だった。

クリスティーンが昏睡状態を脱したすぐあとだったので、私はこれまでの経緯を彼に語った。

「君が是非とも会わなきゃならない人物がいるよ。ブルー・ジョイだ」

私の話を聞き終えると、スコットはそう言った。

「ブルーはね、ビバリーヒルズで成功した内科専門医だったんだけど、すい臓病に倒れてね。近代医療でも完治できないと言われていたその病気を、信じられないことに、瞑想と自己ヒーリングで治してしまったんだ。ブルーが霊能力と霊性開発のワークショップを指導するようになったのは、このことがきっかけなんだよ。彼のワークショップに参加してみちゃどうだい？　そうすれば、クリスティーンの一件を理解する糸口が見つかるかも知れないよ」

私は、なかなか決心がつかなかった。ワークショップは、ロサンゼルスから車で２時間のルーセンター・ヴァレーという砂漠地帯にある精神物理学研修所で開かれるという。参加するなら、開業わずか9ヶ月目にして、診療所の患者たちを他の精神科医の手に委ねなければならなかった。しかも、こんなワークショップに参加した噂が広まれば、私がこれまで築き上げてきたすべてを失ってしまうかも知れないのだ。

結局、ひと月あまりも迷った末、私は9月上旬に開催されるワークショップに申し込み予約を入れた。迷っていても何も始まらないと悟ったからだった。

ワークショップ前日の夕方のことだ。

ワークショップの荷造りもまだだというのに、私はエアロビクスのクラスに向かった。遅刻しそうだったので、私は急いで車を脇道に止め、道路の向こう側にあるスポーツジムのほうへ一目さんで道路を横切った。

と、そのときだ。年配の男性が運転する車とぶつかってしまったのだ。

車は時速40キロから50キロくらいのスピードだった。私は思いきりフロントガラスにぶつかった。しかも二回もだ。二回とも〝ドサッ〟という大きな音がしたのを覚えている。

突然、私はあの渓谷の事故のときと同じトンネルの中へ移動していた。

そのトンネルの中から、自分のからだがボンネットの上で弾んで、路地横のレンガの壁に〝ドシン〟と激しくぶつかるのを見ていた。

2人の少年たちが、この事故の顚末を目撃していて、私を助けるために駆け寄ってきてくれた。

だが少年たちの心配をよそに、壁にぶつかったあとの私はまるでスタントウーマンよろしく、まっすぐ足から地面に着地したのだ！

すぐに大勢の人たちが集まってきて、私を取り囲んだ。車を運転していた男性は、明らかにショックを受けていた。

しかし、私は救急車を呼ぶことなく、軽いむち打ち症を感じていたというのに、自分でカリフォルニア大の緊急治療室まで車を運転して行った。

医者に、明日の予定を告げると、

「とんでもない。安静にしていなさい」

と忠告された。当然だろう。だが、私は自宅に帰ると、荷造りを始めた。

そして、翌日の午前中には、ジョシュア・トリーの精神物理学研修所へと向かっていた。

さすがに砂漠地帯だけのことはある。気温はかるく摂氏40度を超え、道路にはかげろうが立ち揺らいでいた。研修所に到着すると、ブルーの個人秘書が出迎えてくれ、私を部屋まで案内してくれた。

夕食後、総勢40名の年齢もまちまちの男女が、大きな会議室に集った。ジョン・ホプキンズ大学とメイヨークリニックで学んだというブルーは、40代半ばのユニセクシュアルな男性だった。

彼は、穏やかだがしっかりとした声で、合宿中の規則のあらましを述べ始めた。

――電話は一切ダメ。もちろん麻薬もセックスもご法度。外の世界に気を散らさないこと――

等々。この期間中は、意識を集中させるためだった。

ワークショップのプログラムは、常識や習慣といった「殻」を脱ぎ捨て、新しい自分を発見し、能力を開発するためのテクニックを駆使して進められる、とのことだった。

翌朝6時に、メンバーが集い、いよいよプログラムがスタートした。

プログラムでは〝夢〟分析となっていたが、私はその議論には加わらずに、傍観者でいようと決めていた。ところがその予定が狂った。いきなりブルーが、私の見た夢をリーディングすると言い出したのだ。仕方がない。思い出すことのできる範囲で、最近の夢の内容を告げることにした。

【よく晴れ渡った日に、私は近所の住宅街を歩いていた。すると突然、ガランとした空き地が目の前に現れた。その場所には、奇妙な魅力と一種の憧れのような何かを感じていたのに、私はその中に足を踏み入れるのをためらっていた。なぜなら、私には理解できないのではないか、という思いがあったからだった】

それが全部だった。短い上に、ストーリーがあるわけでもなかった。それを聞いたブルーは、長々しい講釈を加えた。

「夢というものは、現実世界よりも遥かに人間の自然の本質に近いものなんです。〝ガランとした空き地〟とは、意識の大いなる神秘を意味します。それはあなたの霊能者としての可能性を象徴しています。でも残念ながら、現在のあなたは、全体的な気づきを妨げてしまうような、不自然な壁を作り上げてしまっているんですね」

そして、その不自然な壁を、ブルーはこう分析した。

「あなたは、固定観念を持ち過ぎている。それを打ち破らないかぎり、霊的進歩はのぞめない」

かなり断定的な言い方だったので、私は狼狽した。しかも大勢の人が聞いている前で、私の個人的な資質を批判された感じがして、屈辱を味わった。

その日、私はマイケルと一緒に昼食をとった。彼は医学博士号を持つ作家で、今でも友達づき合いが続いているのだが、彼の『ジュラシック・パーク』に代表される作品の多くは、のちに特撮映画となった。皮肉屋で頭の回転がはやいマイケルは、精神世界の話を鵜呑みにするタイプではない。彼は世界中を旅し、多くの異なった文化圏の霊能者に会っている。その彼が、ブルーの私へのアドバイスを、こうフォローしてくれた。

「ブルーは、君の夢の内容そのものではなく、彼の直観にしたがって、あんなふうに言ったんだと思うよ」

霊的世界へ再び足を踏み入れようとして、躊躇している私へ、ブルーなりの後押しとして、あのような発言になったのだろう。私はそう理解した。

夕方のプログラムは、強烈な音によるこころの解放だった。

受講者40名は、床の上に寝転がる。全員が頭を中心部に向けて寝転がるので、大きな花びらのようになる。

ブルーは照明を落とし『炎の戦車』のサウンドトラックをボリューム一杯にして流した。重低音の振動が床を伝わってくる。それにしてももの凄い音量だ。鼓膜が破れるのではないか。少々、苦しさを覚える。肉体が拒否しているのがわかる。かなり辛い。

十数分そうした状況が続いただろうか。

急に何かが切り替わったのか、不快感が消え、曲の美しさを感じた。

すると、次から次へと様々なイメージが花火のように輝いては消えていったのだ。これは何だ。どうなっているんだろう。

自分の周りを取り囲んでいた壁が取り壊され、勇気と解放感がわき上がってきたのだ。

曲が止んで、部屋に明かりがつき、現実に引き戻された。

目を開けると、部屋がクルクルと回転し、吐き気がした。

何年かぶりでよみがえってきた記憶。それが吐き気の原因であるようだった。他の受講者たちが車座になって自分たちの反応について語り合っているのだが、集中することができなかった。私は逃げ出したかった。ともかく眠ろう。プログラム終了と同時に、私はすぐさまベッドにもぐり込んだ。

翌朝、目が覚めると、激しい怒りが私のなかで渦巻いていた。

何故だかわからない。あらゆるものに怒りがわき起こる。むち打ちも悪化しているようだ。そのせいでうまく眠ることができなかった。

朝食の席で、私は朝から怒りの思いが渦巻いていることをブルーに話した。

「それは素晴らしい！　ジュディスさん、あなたはやっと目覚めようとしてるんだ！」

「目覚めるですって？　とんでもない。惨めに感じるだけだわ」

怒りの矛先がブルーに向いてしまった。ブルーはフンフンと訳知り顔でうなずいている。じょうだんじゃないわ。張り倒してやろうかしらっ！　怒りがどんどん湧いてくる。

「あの音楽は、あなたの感受性を高め、こころを開かせるための単なる触媒に過ぎなかったんです。ジュディスさん。あなたは昨日、何か重大なことを思い出して怖くなったんです。恐れは緊張を生み出し、からだが硬くなる症状としてよく現れるものなんですよ。秘訣はね、流れに任せること。あなたが怖がっているものを信頼すること。それができたら、また僕に知らせてください」

「もう十分痛みに苦しんだ上に、わざと恐れを呼び起こしたりして、さらに事態を悪くさせる必要がどこにあるって言うんですか！」

私は、なおも抵抗を続けた。

「でも、あなたはその状況から一生逃げ続けるわけにはいかないんですよ」

もうそれ以上、何も聞きたくなかった。私は、腹立たし気にその場を離れた。

めまいと吐き気がひどくなる一方だったので私は外に出た。砂漠の中の小さな窪地の茂みに倒れこむと、そのまま何時間も眠ってしまった。

目覚めると、薄紫色の砂漠の空に、半月が昇っていくところだった。

めまいも吐き気もすっかりおさまり、心身ともに異常なくらい爽快だった。

限界を乗り越えて生まれ変わったような爽快さだ。何者かの力によって、生まれ変わったことを実感した。

この安心感は何だ。抵抗を止め、流れに身を任せただけなのに。

これは決して敗北ではなかった。何かの言いなりになるのを、これまで私は敗北とか、失敗と考えていた。でも、違うのだ。

今の私は、首の痛みもなく、怒りもなく、平穏だった。

講義室に戻り、他の受講者たちと談笑し、その後のプログラムには積極的に参加できた。

夢判断、瞑想、癒し、それに二日間の沈黙と断食。

ワークショップのなかで、ブルーが患者との〝癒しのセッション〟をデモンストレーションしてみせることになった。患者として選ばれたのは、30代後半のデビーという魅力的なブルネットのスチュワーデスだった。でも、彼女の髪はとても薄くなっていた。その理由は化学療法の副作用のせいだった。

5歳になる娘の母親でもあるデビーは、3年前に白血病と診断されていた。試験薬のインターフェロン治療も受けたが、白血球の数値は改善されず、最後の頼みの綱である骨髄移植を迫られているところだった。

個人的なプライバシーを、受講者たちに率直に語るデビーの勇気にも感動したが、私が最も衝撃を受けたのは、ブルーのその徹底的なアプローチだった。

まず、元医師だっただけに病状のたどり方は完璧だった。そして次にデビーの心理をたどっていった。しかしそれが心理学的な視点ではなく、ブルー自身の直感によって為されていたことは衝撃的だった。

もしデビーに医学的な精神療法を施そうとしたなら、一年は必要だっただろう。でも、デビーのこころの覆いを、ブルーは数十分で取り払ってしまったのだ。圧巻は、このセッションの半ばに訪れた。

ブルーはデビーに唐突に、こう質問したのだ。

「あなた、お子さんを亡くしたことがありますか？」

デビーはとても驚いた顔になった。20年も前に、彼女は死産を体験していたのだ。

ブルーはなおも質問し、デビーが14歳のときの親代わりだった祖母が亡くなったこと、親しい友人の死、二度の離婚でのこころの痛手など、彼女のそれまでの人生の〝喪失のパターン〟に鮮やかにメスを入れていったのである。

実はそうした喪失感と真正面から向き合うことが、白血病の治療に大きな希望をもたらすと、ブルーは言ったのだ。

これは医学的に証明できるものではない。ブルーの直感なのだ。

でも、直感と医学が反するものではないことを、ブルーは示したのだ。

ワークショップには、私のように霊能を取り入れたいと望んでいる医者たちも来ていた。医者たちにとってこれは衝撃的だった。ここに集《つど》った医者たちは、今後も連絡を取り合って、こうした新しい試みを追求していこうということになったのだった。

☆　☆

ワークショップから帰ると、新たな決意を試す機会がすぐにやってきた。

アンナは、同じオフィスビルで心臓専門医の受付として働いていた。60代の彼女は、離婚してカルヴァー・シティーの家にもう何年も一人っきりで住んでいた。生まれてこのかた一度も旅行したことがなく、仕事のあとは家に帰ってテレビを見るのが日課になっていた。

アンナは、息子との関係改善のために、私のセラピーを受けにやって来ていたのだが、途中から、進行のきわめて早い肺癌に冒されていることが判明した。そして、大量の放射線と化学療法も効を奏さず、たった6ヶ月のうちに癌は脳へと転移し、そのまま寝たきりとなってしまったのである。それでも、私たちは電話で連絡を取り続けていた。

そんなある日の夕方のことだ。

アンナの家を訪ねると、彼女は激しく取り乱していた。というのは、その日の朝早く、自分の死が非常に間近に迫りつつある、という強い予感を持ったというのだ。

私は彼女を慰めながらも、〝その予感は正しい〟と直観していた。それは、クリスティーンのときと同じだった。だからこそ今回は、直観に従って対策を練ろう、と決断した。

すると、頭の中で声が聞こえたのだ。

〈アンナを死へと導いてあげなさい〉

私はその声に、質問した。

(でも、どうやって?)

しばらく思案に暮れていた。すると、ある考えが閃いた。

(アンナが死と向き合えるように、瞑想を勧めたらいいのでは)

私自身、瞑想を始めてまだ3ヶ月しか経っていなかった。でも、

(きっとうまくいく)

と直感した。アンナは瞑想を嫌がったが、どうにか納得して瞑想を試みてくれた。瞑想によって、彼女は次第に落ち着いてきた。

「アンナ。自分の死を思い描いてみて。そして、それがどんなふうに見えるか教えてちょうだい」

彼女は「死」という言葉にドキリとしたようだった。当然だろう。アンナは、死は終わりであり、愛する者たちからの永遠の、そして痛ましい別れだと信じていたのだから。

「そんなこと、想像してみるだけでも怖いわ。だって、もしもそこに何もなかったら、どうした

らいいの？」

「大丈夫よ。私を信じて」

アンナは、目を閉じたまま、しばらくそうしていた。

「私に見えるのは暗闇だけよ、ジュディス。何もないわ。怖いくらいの静けさ。からだが痺《しび》れるように寒い。私、ここが好きじゃない」

涙がアンナの頬を伝った。彼女は私の手を握りしめた。

「もうやめたい」

アンナはそうつぶやいた。それでも、私はそこにとどまり続けるようにと静かに励ました。それがどんなに不快に感じられたとしても、きっとそこには彼女にとって大切な〝何か〟があるに違いない、と直感していたからだ。

そうして、5分か10分かが過ぎていった。すると突然、アンナが口を開いた。

「ねえ、とっても変なの……。微《かす》かだけど、金色の光が見える。暗闇の中からこっちへやって来るわ。ああ、なんて美しいんでしょう！　どんどん明るくなっていくわ。私を引き込もうとしているようよ」

彼女の呼吸は遅くなり、からだはじっと動かず、30分ものあいだ、そのままで居続けた。そして瞑想が終わるころには、アンナの恐怖はすっかり消えていた。

「ジュディス。あなたは正しかったわ。これが死というものなら、もう何も怖がることはないわ」

そう言い終えると、安心したのか、それとも心地よい疲労のためか、アンナは深い深い眠りに入っていった。アンナは宗教的思考や、哲学的思考を好むことはなかったし、死後の世界も信じてはいなかった。その彼女が瞑想によって死後の世界の平穏を感じ取ることができたのだ。これは私にとって衝撃的だった。

そして……。なんということか。アンナはその翌日、亡くなったのだ。

彼女の息子から電話があり、アンナの死がとても安らかだったことを伝えてくれた。

私は受話器を置き、アンナに想いを馳せた。

彼女とのセラピーは1年以上も続き、私たちはとても親しくなっていた。その彼女にもう会えないと思うと、寂しさが込み上げてきた。でも、せめてもの慰めは、最後にお互いが〝さよなら〟を言い合ったときに浮かんだアンナの笑顔だった。

その日の夕方、家に帰る道すがら、私は車の窓を開け、夜風に吹かれた。

冷たいそよ風に髪がなびく。ラジオから流れるウィリー・ネルソンの曲。私は曲に合わせて口ずさむ。

やがて車は浜辺についた。

安らぎと共に死を迎え入れてくれたアンナ。

私はある確かな手応えを感じていた。

第5章　混ぜ合わされた医術

科学が一方のタイプにだけ広がってしまったとしても、それがもう一方を汚すことにはならない。すべての偉大な科学者は、このことを理解していた。

マーガレット・ミード

その写真を見た瞬間、私は心が高鳴った。

ロサンゼルス・ウイークリー誌の表紙を飾っていたのは超心理学者のステファン・シュワルツだった。初めて彼の顔を見たが、私の直感は、（はやく、中の記事を読まなくては）というものだった。彼は、ロス・フェリッツで霊能研究を指揮する組織、モビアス・グループの創設以来の社長であり、霊能者スタッフを多数雇い、警察や保険会社、あるいは個人からの要望で犯罪を解決したり、滅亡した考古学遺跡などを発掘する仕事に取り組んでいた。

私はすぐに自分の霊的体験を手紙にしたため、彼宛に投函した。

おそらくこの記事を読んだ読者から、彼のもとへはたくさんの手紙が舞い込んでいるだろう。

返事が来るのは期待していなかった。ところが、その翌週、ステファン本人から電話がかかってきたのだ。一度お会いして、ゆっくり話をしましょう、ということになり、私は彼の家に招待された。

ステファンは、カリフォルニア大学のテルマ・モスが退いた後を引き継ぐところで、私に「遠隔透視実験チーム」に参加する気がないかと尋ねた。

テルマのスタッフだったのは数年も前のことだ。私はそのことを話し、ついこのあいだのブルーのワークショップに参加するまで、自分の能力は長い間眠ったままだった、とありのままを告げた。だが、彼は関係がないという顔をした。

「大丈夫。僕のところに来てもらえれば、しっかりと遠隔透視の技術をお教えしますので」

そこまで言ってくれるのならと、私は彼の申し出を受け入れることにした。

遠隔透視実験は、チームを組んで行なわれる。ステファンは、このチームをそれぞれの霊能者が最も得意とする専門分野に基づいて選別した。

遠隔透視者たちの中核となったのは、エンジニアのジャック、美術写真家のヘラ、ミュージシャンのアンドレ、映画製作者でドキュメント製作者のベン、超心理学者のアラン、新聞写真家のジョン、教育者でヒーラーのロザリンによって構成されていた。ステファンは、彼らの仕事の欠けた一片を私が補《おぎな》うだろう、と感じていたようだった。

ある暑い木曜日の午後のことだ。

私は何回目かの遠隔透視をするために、ロス・フェリッツのステファンの事務所まで向かった。一日の長い診療の終わりに診療所から車で15分のモビアスへ向かっていると、たとえどんなに疲れがたまっていたとしても、からだがリラックスし、こころが澄み渡っていくのが感じられた。ステファンの部屋の入り口に差しかかると、彼は受話器を置いてにっこりと笑った。遠隔透視は、いつもこの事務所で行なわれた。壁には、エジプトはアレクサンドリアの額入り地図が掛っていたが、この場所は5年前の１９８０年に、モビアス・グループの霊能者たちによって、貴重な文化遺物の所在が突き止められたところだった。その地図のすぐ横には、床から天井までハードサイエンス、超心理学、人文科学といった類の本がぎっしり並んだ棚があった。ステファンの机の上に山積みされた手紙や書類は、霊的体験をした世界中の人々から届いたものだった。整理整頓はどうみてもされていない。だが、彼は返事をすべての人に出していた。そのあたりは徹底していた。

「さて……。今夜は、難破船が見つかりそうな場所を遠隔透視することにしよう」

ステファンはそう言ったまま、知らん顔だ。先入観を持たせないため、それ以上の詳しい情報は与えてはいけないのだ。

彼は電話のコンセントを抜くと、事務所の人たちにも私たちの邪魔をしないように、と伝えた。私たちはいつものようにテーブルをあいだに挟み、座り心地の良い椅子に腰掛けた。

ステファンが記録用のレコーダーと、鉛筆、画用紙を用意した。そして、4枚の場所が違う海図を並べた。

準備はこれですべてだ。

私は目を閉じてこころを鎮めた。そして、瞑想状態に入った。

ステファンが海図を示して、言う。

「特に、16世紀に消息を絶ったスペインの大帆船に焦点を当ててみてくれるかい？」

沈没船のほかにも、あらゆる地理的目標から見て、その場所がどのように見えるか、またそこでは何が発見されるか——それを透視するのが私の役目だった。

軽いトランス状態で海図を追っていく。手がちょうど方向探知器のようになっている。

ふと、熱く感じられるエリアがある。私の手は汗ばみ、磁石に吸い付けられる釘のように、指がそこへ向かう。

「このエリアには、とても強力なエネルギーがあるわ。手が燃えるようなの」

「そこは、どんなふうに見えるかい？」

「陸地が集まってるわ」

私は、海図上のある場所を指した。私の手が微かに浮いて、海図上の3ヵ所、1マイル（1・6キロ）四方のエリアに丸く印をつけた。

「ジュディス。そこで見つかりそうなものを、絵に描いてみて」

すると手が勝手に動いて、錨《いかり》や十字架の浮き彫り、それに何個かの薬瓶がスケッチされた。手が止まると私は鉛筆を置いた。

そのあと沈没船の所在地や積荷の中身の質問に答えた。最後にステファンはその海図を符号化し、録音テープに私の名前と日付を入れてファイルした。

実を言うと、この遠隔透視は「シーヴュー号プロジェクト」の第1段階だったのである。事の発端は、一人のビジネスマンがモビアス・グループに持ち込んだ、1通の計画書だった。グレート・バハマ・バンクの沖合1・5キロに沈むとされる沈没船の捜索で、磁力計や航空機をつかった調査にくわえて、遠隔透視でも探して欲しい、というものだった。もちろんその沈没船にはお宝が積まれているというわけだ。

ステファンはこのプロジェクトのために、百万ドルを調達した。

1985年8月、付近の歴史調査をし、遂にステファンはそのエリアの探索許可のライセンスを、バハマ政府から取得した。

彼はお宝が沈んでいそうな区域の海図編集作業を行なってから、私を含めた12名の霊能者たちにその海図を手渡した。このプロジェクトに携わった2年間、私たちはおびただしい数のインタビューをステファンから受けたが、先入観を避けるため、私たち霊能者は、お互いのインタビューに関する話は一切しないことに決めていた。それでも、私たちは個々別々に、計6ヶ所の同一の指定場所を選んでいた。

いよいよ、計画は実地調査の段階に入った。

私も含めたプロジェクトの選抜メンバーは、マイアミへ発ち、そこから出航することになった。父は、もちろんこの話をまともに信じてくれなかったが、母は興味津々の様子で、宝探しプロジェクトについて根ほり葉ほり聞いてきた。

1987年9月、私は両親に別れを告げ、他のメンバーたちと落ち合うため、ロサンゼルスからマイアミへ飛び、そこから調査船に乗り込む手はずになっていた。

調査船・シーヴュー号には22名が乗船、最新のナヴィゲーションシステムが搭載され、現在位置がわかる。また潜水のためのシステムも完備された調査船だ……との前評判を聞いて、私はこの船での生活にわくわくしていた。

ステファンと空港で落ち合い、それからシーヴュー号が停泊する港に向かった。

港にはみすぼらしいというか、実用本位というか、船が入っている。まさか、あれがシーヴュー号？　シーヴュー号だった。がっくり。

シーヴュー号はメキシコ湾の油田やぐらから石油を供給するための作業船で、お宝探し用に改造された船だった。

最上階のデッキ（甲板）は機械の引き揚げ作業場となっていて、船上に置かれた2双の巨大な装置は、沈没船の上を覆っているものを取り払うためのものだった。

クルーや私たちが生活するのは、そのでっかい装置の下だ。薄い木製の2段ベッドがズラリと並んでいた。ここで寝るの？　そうだと言う。

シャワーは？　全部で3つ。しかも、お湯は制限して使うことになっていた。トイレは？　完全に一杯になったときだけ、水を流すことになっていた。

これがほんとうに、バハマのきれいな珊瑚礁海域に向かう船？

しかも居住空間は、強烈なエンジンの音と振動にたえず満たされていた。

こんなところで、ほんとうに眠れるの？　私は暗澹《あんたん》たる思いだった。

その日、マイアミにはハリケーン警報が発令されていた。シーヴュー号はドライドックに入れられることになったので、私は近くの宿泊施設にチェックインした。

私という人間は、キャンプや過酷な生活条件を楽しむタイプではない。プライバシーを大切にし、熱い風呂をこよなく愛した。

数日後に天候が回復、いよいよシーヴュー号で、調査海域に向かうことになった。

私たちは各々の2段ベッドの周りにほんのわずかなプライバシーを確保するためのカーテンを吊り下げ、午前5時に出航した。

マイアミ港が次第に遠のいて行く。やがて、小さな点になり、視界から消えた。

だだっ広い海。私は浮き立つような気持ちになった。

私たちの仕事は朝8時に始まって、ときには日没後も続けられた。乗組員全員が休みなく働いている状態だった。もちろん我々霊能者も遠隔透視を試みていた。

興奮は、伝染するものらしい。というのも、乗組員のうちの誰かしらが、いつもお宝発見の新たな希望や理論、夢を熱く語っていた。一日が終わると、わたしは心地よい疲れに包まれている自分を発見した。絶え間なく轟くエンジンの音もなぜか気にならない。しかも、私はそれまでの人生で体験したことがないほどの安らかな眠りを得ることができたのだ。


さて、いよいよシーヴュー号は、最初の目的地に到着した。ここからは、霊能者たちがより正確な遠隔透視を行ない、それぞれに沈没船がありそうな場所を絞り込むことになっていた。

霊能者が示した場所にブイが下ろされ、ダイバーがその下を探索するのだが、それはダイバー一人、霊能者一人のコンビによって行なわれる。

私もダイバーの一人と組み、GPSが装備された小さなゴムボートに乗り込み、沈没船の在処《ありか》を探すことになった。

ビミニの最南端から20マイル（32キロ）の海上。

太陽の真下で、私たちは静かに座っていた。

舳先に優しく打ちつける小さな波音だけを聴きながら、この温かい羊水のような水の上に浮かんで透視すると、すぐに明確なイメージが浮かび上がってきた。それを私たちが使っていた海図上に表すと、ここから北へ41・東へ47の位置だ。この近くだ。

15分後にその場所に到着した。ダイバーは発泡スチロール製のブイを投げ込むと潜っていった。私は一人ボートに残された。

それにしてもこの海はすばらしい。太陽が昇ると、海は濃いトルコ石のような陰影をつくり、魚の群れや亀が泳いでいるのが見えるほどだ。シーヴュー号も、遠く離れていて視界の外だった。どちらを向いても、果てしない海が広がっていた。

すると、どこからともなく7頭のイルカが現れた。彼らは一緒に海面に浮上し、私のボートの周りを取り囲むと、一斉にその尾ひれを海面にパシャパシャと打ちつけながら、キーキーと高い調子で鳴いた。まるで天国のようだった。

突然、ダイバーの頭が海上に現れた。

「船を見つけたぞ！」

その叫びを聞いて、私は歓声を上げた。リーディングは正しかったのだ。

「高く傾斜した砂棚の上に、10年くらい前の40フィート（約12メートル）のヨットが横たわっているぞ！」

10年前のヨットでは、お宝船とはいえない。まぁ、とはいっても沈没船には違いない。もう少ししっかりとリーディングしていれば、船の形までわかったかもしれないが……。

航海中、霊能者チームは、海図を研究するか、それを解読するか、あるいはダイバーと一緒に海上に出るかして、4時間働いては休憩を取り、それからもう4時間働いた。

っていた。

霊能者たち全員、それぞれが他の霊能者たちの遠隔透視の不備を補うという、特別な才能を持っていた。

芸術家で写真家のヘラは、単純な幾何学模様や色、影、装飾を描写してみせる才能があった。エンジニアのジャックは、技術的なことを詳しく描写するのに長《た》けていた。ブルーのワークショップで知り合った作家で監督のマイケルは、空間を視覚化する鋭い勘を持っていた。テレビディレクターのベンは、カメラのレンズを通しているかのように、見た光景をそのまま描写してみせる名人だった。そして、精神科医という、聞き手としての訓練を積んできた私は、沈没船の中の感情の名残を感じ取るのが得意だった。

たとえば、のちに私たちが発見することになったある奴隷船について、私は奴隷たちの苦しみを感じ、彼らが手枷足枷をされ、飢えて病気を患い、絶望感のただなかにいることがわかった。

航海も1週間を過ぎた。

シーヴュー号はビークスケイの周囲11・5マイル（約18・5キロ）のゾーンに向かった。

ステファンは、この辺りを探索するのに乗り気でなかった。というのは、そこはスポーツダイバーに人気のある場所だったし、何百年も前から沈没船の捜索が最も多くなされたエリアだったからだ。しかも、磁力計は海底の巨大船の存在を否定していたし、天候も崩れかかっていた。まあ、ステファンとしてはあまり期待できない場所だったのだ。

しかし、ヘラとアランと私の3人は、ステファンにこの場所に留まるようにと力説した。私たちは、価値の高い〝何か〟が翌日にも発見されるかもしれない、とそれぞれに感じていたからだ。ステファンは、霊能者を〝歩くレーダー・センサー〟と考えていたので、そこまでみんなが言うのならと、あと24時間だけビークスケイに留まることに同意してくれた。

ダイバーたちは、ターゲットゾーンの砂床をくまなく探索してみたが、そのほとんどが手ぶらで戻ってきた。

もう諦めようとしたとき、ダイバーの一人が、厚いあま藻の下に血赤《ちあか》珊瑚が群生しているのに気がついた。そこに船が存在するとは思えなかったが、そのダイバーは何かピンときたらしく、珊瑚をハンマーで粉々に叩き割った。すると、かつて船の肋材から船底の竜骨までを締めるのに使われていた大釘が並んで出現したのだ！

残念なことにバハマはハリケーンの季節に入っていた。折しも大きなハリケーンが南アメリカの海岸沖に接近しつつあり、シーヴュー号がこのままここにとどまるのは危険な状態にあった。ヘラとアランと私は、計12日間の海上生活を終え、個人のスクーナ船で港に帰ることになった。私のエキサイティングなバハマの冒険は、こうして終了したのだが、お宝船を前にしたシーヴュー号は、天候をにらみながら、もう1週間そこに留まり、メタル、木材、釘などを収集した。

後日談になるが、その6ヶ月後、クルーたちは単独でビークスケイの現場を再訪し、あの分厚いあま藻の下から、長さ100フィート（30メートル）以上の船を、元の姿のままで掘り出すことに成功する。のちに、それは1834年にビークスケイ付近で難破した武器を搭載したアメリカの商帆船リーンダー号であることが確認された。１５０年もの間、何度となく捜索が繰り返されたのち、私たちの手によって、遂にその消息が明らかになったのである。

リーンダー号の保存状態は極めて良好だったので、考古学的にも歴史学的にも大変に価値ある発見だと認められたリーンダー号がもたらしたものは、１８００年代初頭に造船された帆船に関してだけではなく、その時代の個人の工芸品がどのようなものであったか、という知識をも提供されることになった。真珠の柄のついた剃刀《かみそり》や、設計道具やピューター（錫と鉛の合金）製の薬瓶、数ダースのエメラルドなどが見つかっている。また、染料用の材木も海底から発見されたのだが、これはルネサンス期に使われた絵画の赤や黒色の顔料であることが判明した。当時、スペインから新世界・アメリカ大陸へ輸送されたものだった。

結果的に、そのときモビアスは併せて18隻の沈没船を発見したが、ほとんどが前もって霊能者たちによって遠隔透視されていたものだった。

☆　☆

霊能力と科学技術を駆使したこのプロジェクトは、霊能力によって18隻もの難破船の所在を突き止めた。それは遠隔透視の実用性の確認にもつながった。しかもそれは、ときにはレーダーやソナー、磁力計器をも凌ぐのだ。

そしてなにより重要なことは、人間は皆相互に関連し合っているネットワークの一部であり、時空を超えて存在する情報に通じていることがわかったことだ。

しかし、これはほんの入り口にしか過ぎない。

〝この霊的情報が、一体どこからやってくるのか？〟

〝この情報にもっと安定してアクセスするためには、どうしたらよいのか？〟

私はまだ多くの疑問を抱えていた。また、自分の精神療法に遠隔透視をどのように取り入れるべきか、という問題もあった。

私は精神科医として新しい局面を迎えようとしていた。

☆　☆

冒険旅行からクリニックに戻ると、これまでとは違うアプローチで診断を試みることにした。それは患者さんに会う前に霊視し、情報を得ることだった。そうすれば実際の情報と、自分のリーディングの結果を比較することができる。このスクリーニング（サンプル検査）は、遠隔透視が精神科医の仕事にふさわしいものかどうかをテストする理想的な機会でもあった。


そんなある朝のことだ。

私はロビンという名の女性から電話があったことを、電話応答サービス会社から知らされた。彼女はオペレーターに、新しいセラピストを探していて、診療予約を取りたい、と伝えていた。紹介者は誰もおらず、なぜ来たがっているかという説明もなかった。彼女は、ただ自分のファーストネームと、電話番号を言い残しただけだった。

私はメモ用紙にこの伝言を走り書きし、机の上に置いた。そして昼休みになると、電話をはずし、横になって目を閉じた。

彼女の名前に集中する。

不快感がわき上がってきた。信頼できない〝何か〟を感じるのだ。具体的にそれが何なのか、わからなかった。私に見えたイメージは、台所のテーブルの上のスコッチの瓶と空気中に染み込んだアルコールの匂いだった。

これをノートに記録し、実際のロビンと比較してみるつもりだったが、どうにもそのリーディングのことが気になって仕方なかったので、こちらからロビンに連絡せず、しばらく待ってみることにした。

数時間後、一本の電話がかかってきた。ロサンゼルスの地区弁護士事務所のヤング氏からだった。ヤング氏は、意外なことを言った。ロビンの告訴をクライアント（依頼者）から頼まれているとのことだった。

「ロビンは、裁判所から精神療法を受けるように命じられているんですよ。麻薬とアルコール依存症治療のためにね。それと、これもあなたにお伝えしなければならないのですが、実は、彼女を診察した前の女性の精神科医が2人いるのですが、彼女たちもロビンを訴えようとしています。その理由は、彼女たちの仕事の妨害ということでね」

ヤング氏は、ロビンが時間を守らずに診療所に現れたり、昼夜24時間おかまいなしに電話をかけてくるかを説明した。そして、ロビンは男性のセラピストとのほうがうまくいくと思うので、治療依頼があっても応じないほうがよい、と忠告してくれた。私は、自分の霊視とヤング氏の幸運な電話によって、不必要な騒動から免れたことに感謝した。それから、私はロビンにあらためて電話を入れ、男性セラピストを探すようにと伝えた。

以来、私は新患全員に〝リーディング〟を行なうことにした。すると、彼らの基本的な問題を素早く、簡単に分類できるようになり、精神治療のコースを決定する上での道しるべが得られるようになった。また、毎日受け取る治療予約の電話を選別するのにも、リーディングを行なうことにした。電話の最中に、相手との相性がうまくないと判断したとき、私はその患者とのセラピーを丁重に断り、併せて直感的にその患者に適したと感じたセラピストを紹介するようにした。これは、患者に不必要な出費をさせないようにする上でも役立った。

シンシアとのセラピーは、1年にもおよんでいた。彼女は多忙を極めるジャーナリストで、同僚である恋人との関係がうまくいかないという悩みを抱えてやって来ていた。恋人は、彼女より10歳以上も年上で、はやく子どもを持つことを望んでいたが、シンシアは、躊躇していた。

ある日、特別ひどい口論の末、恋人は彼女の許を去った。そして、彼女からの電話を一切拒絶し、職場でも決して口をきかないようになった。シンシアはそれでも、2人はまた理解し合えるだろうと、考えていた。

私はこの件について、遠隔透視を行なうことにした。自宅の祭壇の前に座り、私はシンシアの名前に集中しながら瞑想状態に入った。何分かすると、恋人のはっきりとした姿が見えた。彼は、幸せそうに自分の腕を女性の肩にまわしていた。2人は相思相愛のようで、その女性は妊娠している様子だった。しかし、その女性はシンシアではなかったのだ！

私はびっくりしてしまった。そして、自分が目にしていることの意味を考えようとしたが、集中力が途切れてしまうのが心配だったので、考えるのを止めた。すると、彼の姿から〝これが僕の現在の生活なんです。もう何も変わることはないでしょう〟というメッセージを受け取ったのだった。

私は、このヴィジョンを受け取ったことで、その後のシンシアとのセラピーのコースを方向転換せざるを得なかった。というのは、私はそれまでシンシアと恋人との関係の修復を念頭においてセラピーを行なっていたが、その時期の彼女は、ふさぎこんでいた上に不安定だったので、私が遠隔透視で見たことは伏せざるを得なかった。

その上で、私はシンシアに、

「古い人間関係に再び火を灯すようなことは諦めて、これからの新しい人生に目を向けるように」

とシンシアを励ました。

それから数ヶ月後、彼女が立ち直りかけたころ、彼女の元恋人が結婚することになり、相手の女性が妊娠していることを知らされた。彼女はショックを受けたが、幸運なことに彼女はそのことに向き合えるこころの用意ができていた。

こうした練習を積むうちに、私は診療中の患者をリーディングすることも可能になった。また、時間をかけなくとも、すみやかに意識の変性状態に入《はい》れるようになっていた。

それからは、もっと楽な気持ちで、それぞれの患者に薬を処方するような感覚で、リーディングにあたるようになった。

そう考えるようになった理由の1つは、アメリカとソビエト(この当時はまだ東西冷戦の時代)の著名な科学者たちの興味深い研究を読んだことによる。

遠隔透視を用いれば、たとえ表面上には現れていない問題も、はっきりと見ることができた。特に、知性が果てしなく空回りを続けて、解決方法が思い浮かばない場合にも、遠隔透視はその問題の核心を貫くレーザーのように働いた。私は霊能力と臨床的な仕事を組み合わせ、両者の一番良いところを引き出すことに成功したのかも知れない。

1987年、シーヴュー号の探検から戻って6ヶ月ほどたったある日、私は自分でも説明のつかない、相互につながりのある5つの夢を見た。それぞれの夢の中には、いつも私の昔の恋人のテリーに良く似た男性が出てくるのだった。といっても、その夢がテリーと関係があるとは思えなかった。なぜなら、私が最後にテリーと会ってから、すでに5年の歳月が流れていたからだった。

やがて、新患のジョッシュが私の診療所を訪ねてくると、その夢は止んだ。待合室で初めてその姿を見たとき、彼があまりにもテリーにそっくりだったので、もしかすると双子の兄弟ではないかと疑ってみたほどだった。その夢は、彼の到来を予期していたのである。

ジョッシュは映画プロデューサーで、芸術家でもあった。相談の内容は、自分の仕事に満足が得られないというものだった。彼は優れた映画を製作したいという願望とは裏腹に、いまだに二流の仕事にしか携わっていないことに落ち込んでいた。映画供給会社からの経費に関するプレッシャーに飲み込まれ、自らの芸術家としての自由な直観を失いつつある、とも感じていた。彼は、その直観をもう一度呼び戻したかったのである。

彼は、私のアドヴァイスに従い、気乗りしないプロジェクトははっきりと断り、ピンと来るものに出会うまで——財政的には大変だったが、待つことにした。その甲斐あって、遂に彼が大変気に入った台本が舞い込んできて、その映画をプロデュースすることになった。

ジョッシュは、精神的に大変安定していたし、自分の直観を深めたいと希望していたので、私はそのプロデュースを成功に導くため、遠隔透視の仕方を彼に伝授することにした。

彼の映画は、翌月には南カリフォルニアで撮影に入る予定だった。それまでに、何人ものディレクターと面接を重ねたというのに、いまだにぴったりの人物に巡り会えないでいた。撮影開始まで時間がない。そこで、彼は最終候補を3名に絞り、遠隔透視によって最適の人物を選び出すことにしたのである。

ジョッシュは飲み込みがはやかった。芸術家としての彼は、もともとイメージを捉えることに優れていたので、1回のセッションで私がステファンから教わった基本的な方法をものにしてしまった。

「遠隔透視をするときは、自分を瞑想状態に持っていくのよ」

私はそうアドヴァイスした。彼には、すでに瞑想法を紹介してあった。頭の中の絶え間ない会話が、いまだに彼の注意をそらせることもあったが、呼吸に集中することによって、それを回避する方法も学んでいった――これは、ジョッシュだけでなく、瞑想を始めるすべての人にとっての課題であるのだが。

「次のステップは、答えが欲しいと思っている質問内容を、なるべく簡潔にすることよ。そうすると、率直な答えを受け取ることができるの」

彼は靴を脱いで、椅子の上に胡坐《あぐら》をかいて座り、楽な姿勢をとった。

「用意ができたら、質問内容を口に出して言ってみてください。できるだけ具体的にね」

「どのディレクターがこのプロジェクトに適任でしょうか?」

彼は、こう質問した。私は、その人たちの名前を声に出して、それぞれの姿を思い浮かべ、それに対してどんなイメージが返って来るかに注意するようにと言った。

「あの、3人一緒でもいいかな?」

と、ジョッシュが聞いた。

「それぞれ別々に見たほうがずっとやさしいと思うわよ。一般的な取り決めとして、あなたがリーディングする複数の人と人との間は、きちんと仕切ったほうがいいの。でないと、その人たちの特徴が混ざり合ってしまって混乱するからよ」

ジョッシュは、リーディングを開始した。彼は頭の中で、3人の候補者たちを一緒の舞台に乗せると、そのうちの1人にスポットライトを当て、残りの2人を暗くして見えないようにした。最初のうちは、何のイメージもやって来ないようだったが、やがて、彼は小さな湖を目にした。そこには、候補者の1人、キースが湖のほとりで立ちすくんでいた。彼は、明らかに水の中へ入るのを怖がっていた。

「う〜ん。これからすると、彼と一緒に働くのは正解とは思えないな」

「ジョッシュ、そのイメージを今すぐ分析しないようにして。さもないと、そのヴィジョンは消えてしまうわよ。さあ、2人目に進んでください」

ジョッシュが、間髪を入れずにダイアナを霊視すると、彼女には温かみと創造性を感じたらしい。

「さあ、ダイアナもお終いにして。ギアを入れ替えるのよ。最後の1人をリーディングしてみましょう」

と、私は誘導した。

3人目の名前はシェリルだった。ジョッシュは彼女にも好感を持った。ところが、彼女の顔をもっと間近でよく見てみると、彼女がある男の顔を刀で打っているヴィジョンが現れたのだった。

彼は笑い出した。

「これは、思ったより慎重になったほうがよさそうだな」

こうして、リーディングの結果、ジョッシュはダイアナを選択した。

その翌週、ジョッシュと映画スタジオの重役たちは、この3人と面接した。すると、キースには自信がかけている、という印象を持った。シェリルの履歴書は印象的だったが、その立派な見かけの下に、何か刺々しいものを感じた。最終的に、ジョッシュはダイアナの資格と、彼が遠隔透視の際に感じたイメージを拠《よ》り所にして、彼女をディレクターとして採用した。

撮影が開始されて何週間かすると、ジョッシュから電話がかかってきた。

「やあ、ジュディス。君に有難うと言いたかったんだよ。ダイアナは、完全に適任だったんだ。映画作りは予定どおり進んでいて、毎日が素晴らしいよ。君がさ、あの実験がうまくいったのかどうか知りたがってるんじゃないかと思ってね」

私は受話器を置いて、椅子の背にゆったりと寄りかかると、ひとり微笑んだ。私は、精神療法のもう一つの手段を手に入れたのだった。

ジョッシュを皮切りに、私は多くの患者に遠隔透視を教え始めた。これは、誰にでも使いこなすことが可能だ。

たとえばあなたが人を雇うところだったとしよう。あるいは、新しい仕事に就くことを考えているとか、初めてのデートだとか。要は、人生の岐路に立たされていて、決断の必要に迫られているといった場合だ。遠隔透視は、理性では捉えることのできにくい微妙なニュアンスを、はっきりと伝えてくれる。ただ、この技術を使うには、誠実さが重要だ。たとえ、この技術を完璧に習得したとしても、権力のためや個人的な利益のためだけではなく、奉仕のために用いることが大切だ。なぜなら、霊能力とは、神の源からやって来るものなのだから。しかしながら、ここから得られるパワーは大変に魅惑的なので、人はしばしば常軌を逸してしまう。常に、こころしてこの技術を用いなくてはならない。

モビアスの霊能アドバイザーでもあるロザリン・ブリュイエルが、グレンデールにヒーリングライトセンターという癒しのためのクリニックと学校を創設することになり、私にもお声がかかった。

このセンターで、モビアスの最新のプロジェクトである〝ヒーリングが水の分子に与える化学変化についての実験〟を行なうことになった。それは、カナダのマックギル大学の生物学者バーナード・グラッドの研究——ヒーラーがポットの中の水に〝治療〟を施す。すると、水の中にあらかじめ入れられた細胞群や酵素、小さな種などが活性化される——をさらに拡大して実験を試みる、というプロジェクトだった。

治療中のヒーラーの手を水の上にかざすと、どのような変化が見られるか——が実験内容だった。それは、手かざしを受けた水を、赤外線スペクトル光度測定器で計測することによって、ヒーリングがプラシーボ効果でないことを証明するのが目的だった。

ステファンはこの実験のために、それぞれ異なったヒーリングテクニックを習得しているヒーラーたちを集めた。まず、セラピューティック・タッチ（医療や看護の場で典型的に用いられている技術で、信仰とは無関係の技術）、手かざし療法（信仰のヒーリングとして知られる）、それから、福音派キリスト教のチャネリング・ヒーリング（トランス状態に入ってから治療する）のヒーラーたち。それから、私を含めた何人か、つまり霊能者だがヒーリングのためのトレーニングを正式に受けたことがない人たちだった。

私は自分にそのような治療ができるとは思えなかった。なぜなら、ヒーリングは霊能力の中でも例外的な能力で、その才能のあるエリートにしか発揮できないものだ……と考えていたからだ。

ブルーの集会のあとで、私は手を直接からだに触れて行なうヒーリングの練習をしたことがあった。練習相手の女友達も私も、それが気持ちの良いものだというのは確認できた。だが、どれほどの効果を上げたのかよくわからなかった。

いよいよ自分の番がやって来ると、私はステファンの後について、事務所の小さな部屋に入った。部屋の壁には、お釈迦様の絵が掛かっていた。

「やり方なんだけど、遠隔透視のときのように、まず、こころ静かな状態に持っていって。それから、〝治療をするんだ〟という純粋な気持ちに集中するようにね」と、ステファンがアドバイスをくれた。

私にあてがわれた患者は、屈強な50代の男性でジョージだった。トラックの運転手のようなタイプで、喫煙者特有のいがらっぽい咳をしていた。ジョージは、脊柱基底部の椎間板の腫れが原因とみられるしつこい腰の痛みに悩まされていた。

与えられた治療時間は45分で、タッチによって彼の苦痛を和らげられそうだと思えるからだの部位には、どこでも触れてみることになっていた。私には何だかまやかしのように感じられたが、そうした疑いの気持ちに呑み込まれてしまわないように努めた。

実験開始の前に、ステファンは私に特別な手袋をはめさせ、その手のひらに殺菌済みの水が入った小瓶を縛り付けた。そして、5分置きにその小瓶は交換され、分析されることになっていた。

私は診療代の上にジョージをうつ伏せに寝かせ、彼の頭に小さなクッションをあてがった。そして、ためらいがちに彼の腰に私の手のひらを置いた。別に何も変わったことが起きた様子もなく、何分かが過ぎた。

「ジョージ、気分はどう?」

彼から何らかの反応を聞き出したかったので、私は尋ねた。

「あんたの手は気持ちがいいよ。何をやってるんだか知らないが、そのまま続けておくれよ」

私は、ジョージの言葉に勇気づけられた。そして、私が幼かったころ、眠りに就く前に母が子守唄を歌いながら、髪を撫でてくれたことを思い出していた。私はそのイメージの中に留まって、私があのとき感じた愛情をジョージへと流し始めた。その瞬間、何かがはっきりと彼に伝わるのを感じたのだった！　すると、互いの魂と魂とが引き寄せられ、２人の間に信頼関係が生まれたようだった。

ジョージは、来たときよりも晴れやかな顔で帰って行った。自分の手を通じて〝愛〟を伝えられるとは、驚きの経験だった。

爽やかな雨上がりのように、私は新しく生まれ変わった気持ちでその日の午後、ヒーリングライトセンターを後にした。精神科医として患者たちの治療に長時間あたったときとは違って、消耗するというよりは、むしろ溢れんばかりの元気に満たされているのを感じていた。私がジョージに差し出した〝愛〟は、枯れるどころかむしろ益々大きくなって私に流れ戻ってきたように思えるのだった。

翌月、ステファンは実験結果を発表した。それによると、治療を施された小瓶と、そうでない小瓶には、水の分子構造に顕著な変化が認められたとのことだった。特に、最も劇的な変化は、治療の最初の５分に見られた。ということは、〝ヒーリングの効果は、時間の増加に比例しない〟ことを意味していた。予想どおり、熟練したヒーラーは、初心者よりも良い結果を出した。しかしながら、私もかなりの成果をあげていたことがわかった。

☆　☆

ヒーリングライトセンターの実験に参加して、私はヒーリングタッチを自分の診療に取り入れてみたいと思いはじめた。でも、精神病治療では、患者に触れることはタブーとされている。それに、患者に触れるという行為が、相手に誤解を与える恐れがあった。

そんな折り、リリーがやってきた。リリーはモビアス研究所スタッフの従兄弟で、一流ファッションモデルのようだったが、残念なことに、彼女はリュウマチ性関節炎による慢性的な痛みによって衰弱していた。しかも、広範囲に両足関節が損傷していて、杖に頼って歩く状態だった。

二度目のセラピーのとき、リリーは私の目の前でひどいパニック発作に襲われた。

過喚起亢進症（過呼吸症候群）を伴っていたので、呼吸困難を起こした彼女の顔は、みるみる青白くなった。私が彼女を安心させようとすると、パニックは一層エスカレートした。

これまでも他の医師がバリウムなどで処方したが効果はなかった。

こうなると、薬物や話し合いのセラピーによる対処法で、リリーの発作を鎮めることは不可能だった。パニックはエスカレートしていくのみだ。こころの奥底に潜んだ根本的な原因が癒されない限り、何ヶ月、いや何年でも繰り返される。リリーにとって、バリウムはぱっくりと大きく口を拡げた傷口に、小さな傷絆創膏を貼りつけるようなものだった。

私は彼女にサンダルを脱がせ、ソファーの上に横になるよう指示した。

私はジョージのときのことを思い出し、リリーに私の手を通じて〝愛〟を伝えようと試みた。

私は片手を彼女の心臓のあたりに置き、もう片方を直接彼女の胃の上に置いた。指の下では、彼女の心臓が激しく脈打っているのがわかった。

だが、ひとたび気持ちがヒーリング・タッチに集中できると、私は信じられないほどクリアになり、何かに導かれていった。すると私の手のひらが温かくなり、愛の喜びに包まれていった。ヒーリングを成功させるには、〝治そう〟という目的を持って努力に励むよりも、むしろこころの中からあらゆる考えを消し去ることが大切だと悟ったのもこのときだった。

初めのうち、リリーに反応はなかった。

私の内なる声がささやいていた。

（ここで諦めちゃいけないわ。手をそのままじっと置いて、我慢強く待つのよ）

数分が経過した。

リリーの呼吸が落ち着いてきた。からだとこころの緊張が解け始めたようだった。

30分後、リリーのからだから手を離したとき、リリーの目には素晴らしい輝きがあった。

ヒーリング・タッチの間、彼女は白昼夢に引き込まれた、と言い、その夢を語ってくれた。

＊

気がつくと、私（リリー）はまばゆいばかりの春の朝の山道を下っていた。香しいそよ風が、木々の梢を吹き渡り、ひと呼吸ごとにそのそよ風が私の不安を優しく鎮めてくれた。

＊

私はそれまで、パニック発作がバリウムその他の抗不安薬を投与することなしに、これほど速やかに収まった例を知らない。

次の面会から、リリーの希望で、30分を会話にあて、残りの時間をヒーリング・タッチにあてることにした。彼女は手技を受けている間、やはり前回と同じそよ風を感じたと言った。そして、彼女がその感覚を覚えるにつれ、不安や痛みがやって来たときには、いつでもそのそよ風を感じることができるように訓練を積んでいった。すると、からだの中に埋め込まれたバイオフィードバックの装置のように、それが必要なときには、いつでも自然にそう反応できるようになったのである。こうして、私たちのセラピーは、6ヵ月で無事終了した。

リリーの一件以来、私は自分のヒーリングに対する適性を知ったと同時に、患者に新しい自己強化法を勧めることにした。リリーの例からも、私たちは他人に愛を伝えることができるように、自分自身でも愛を生み出すことができるのである。言い換えれば、リリーのように痛みやストレスを感じても、自分の力によって自分を癒すことが可能なのだ。

私たちは、内面と向き合うことを忘れ、あまりにも安易に医者やセラピストに頼り過ぎている。私の目的は、患者が自分自身や他人のことを思いやるために、癒しの根源——すなわち、愛——に触れてもらうことにある。もしも、世の中の人たちすべてが、この愛に触れ、それを他人に伝えるならば、支えあうよりよい世界を創造することも夢ではないだろう。

第6章　霊性の女系

古代の塔のまわりを、私は何千年ものあいだ旋回してきた。

ライナー・マリア・リルケ

私は40歳になっていた。

過去10年間、私は自分の診療所の他に、カリフォルニア大学医療センター、セント・ジョン病院、シダーズ・シナイ医療センターの職員として、精神科の診療を続けてきた。この間、母は私に患者を紹介してくれ、私たちはその治療法についてよく話し合ったものだ。とはいえ、私たち母娘の関係や、私の恋人についてなどの個人的な話題からは、意図的に遠ざかるようにしていた。

母のお眼鏡に叶う私に適した男性は決して現れなかった。歳をとり過ぎているとか、若過ぎるとか、ユダヤ人でないからとか、経済的に安定していないからなどなど……理由を挙げればきりがなかった。そうして、最後には私たち母娘のお決まりの大喧嘩が始まるのだった。お互い、自己防衛に走り、決して自分の立場を譲らない。それでも、時を経た今は週に1度、私はユダヤ教の安息日の晩餐に、両親の家を訪ねるのが習慣になった。母と私は何についてでも話すことができるようになり、お互いの関わり合い方は、ずっと穏やかなものになっていた。母は、今では私の友であった。私は、もはや母の強さに押しつぶされることはなかった。

１９９０年、冬。

癌を患っていた母の具合が急に悪くなった。20年前に、母は進行の遅いリンパ腫と診断されていたのだが――母の首には小さな塊りがあった――それを、最小限度の放射線で治療してきた。だが最近になって、微熱が続くようになっていた。それは、この病いが進行していることの証しだった。

ある2月の晩、私と母が居間のソファーに一緒に並んでお茶を飲んでいたときだった。母が、自分の母であるローズ・オストラムのことを話し始めたのである。祖母ローズについては、自由な精神を持つ、熱狂的なフェミニストだったということは、耳にしていた。ローズはその生涯のほとんどをフィラデルフィアで過ごした。両親は、私が６つのときにロサンゼルスに移ったので、私は祖母の晩年のことしか覚えていなかった。

「おばあさまのことについて、あなたに言っておきたいことがあるの、ジュディス」

と、母が切り出した。

「おばあさまは、嵐のようなエネルギーを持つ炎の人だった。彼女はね、薬屋を営んでいたのよ。それから、女性がまだ大学に進学しなかった時代に、２人の娘を医学部へやったの」

突然、私は母の声の底に切迫したものがあるのに気づいた。母は、次へと進む前に、自分の言おうとしていることを頭の中で組み立てているのか、少し間を置いた。

「ジュディス。お母さんはこれをどう言ったらいいのか、わからないんだけど。

要は……あなたのおばあさまには、ご近所で妙な評判がたってたの。それは……おばあさまがヒーラーだってね」

「何ですって！」

私は、自分の耳が信じられなかった。

「お母さん、冗談でしょう？」

「おばあさまにはね、実現前の出来事を予知してみせる癖があったの。おばあさまは、ユダヤ人として育てられ、ユダヤ教の教理に則った生活をしていたわ。でも、人を治療する能力や未来を見抜く力は、宗教とは別物だと考えてたわ。この能力は、世代に受け継がれていったのよ。女から女へとね。あれは、大恐慌時代のことだった。近所の人たちは、お医者さまにかかる余裕もなかったの。その人たちは病気になると、おばあさまのところにやって来たものよ。すると、おばあさまはその病人を家の裏手の小さな、暖房もない木造の納屋に連れて行ってね。木のテーブルの上に寝かせてから、自分の手を病人のからだの上に置くの。ヒーリングの後、病人の具合が回復すると、おばあさまは自分で育てた薬草を調合してこしらえたハーブティーを飲ませたのよ。このレシピはね。おばあさまのそのまたお母様から伝えたれたものだったんですって」

私の顔は激しくほてり、めまいを感じた。

〝おばあさまが、霊能者でヒーラーだったですって！〟

「お母さん！」

私は、思わず大声を出した。

「どうしてこのことをもっと前に話してくれなかったの！」

すると、母の表情がみるみるうちに苦悶のそれへと変わっていった。

「わかってちょうだい、ジュディス！　お母さんは、あなたに幸せになって欲しかっただけなの。おばあさまは風変わりな人だった。ご近所じゃ親しまれていたけれど、気味悪がってた人たちがいたのも事実なのよ。だから、あなたのことが心配だったの」

「でも、言ってくれてたら、私の人生がどれほど違っていたかってことがわからなかったの？」

母は、私の手にその手を伸ばした。

「ジュディス。あなたがまだ小さかったころ、あなたも霊能者だってことがわかったとき、お母さんはそれを助長するようなことはしたくなかったの。私の母がそうだったように、世間の物笑いの種になって欲しくなかったのよ」

私はひどく驚き、傷ついていた。このことをもっと前に打ち明けてくれていたら、私たち母娘の関係は違ったものになっていただろうに！　騙され続けていたような気がした。いまさらそれを知っても遅すぎた。

「そうね。多分、お母さんが間違っていたかも知れないわ」

「ねえ。どうして今夜、そのことをわざわざ持ち出したの？　何か状況が変わったっていうの？」

「ジュディス、どうか怒らずに聞いてちょうだい。今じゃ、私たちの関係は昔に比べてずっと良くなったわ。それは、あなたが自分の信念に忠実に、自分の道を切り開いてきたおかげよ。私たちの戦いは終わったわ。だから、この話をするときがやって来たと思ったのよ」

母が、それをひた隠しにしていたことに対する恨みの気持ちと、自分の血縁に霊能者が存在したという安堵の気持ちのはざまで、私は動揺していた。そして、必死で涙をこらえた。だが、母が遂に本当の家系を明かしてくれたこの瞬間が、どれほど特別なものであったかは、計り知れなかった。

母と私は、暖炉のまばゆい炎が壁の隅に長い影を落としているのを、静かに見つめていた。母に目をやると、本当に小さく、今にも消え入りそうだった。その姿を見ると、私の中の激しい怒りが収まり、哀れみのこころが溢れてくるのがわかった。そのとき、私は決心をした。これからは、たとえどんなことがあろうと、私の激しい怒りで母を傷つけるようなことはすまい、と。

私は、これまでの霊的な探求の中で、人生のすべてのことには、適切な時期と目的がある、ということを学んできた。つまり、この時より以前に、私が祖母の秘密を知ることがなかったのは、決して間違いではなかったのだ。私が現在のように成長し、強さを獲得するまで、待たねばならなかったのだ。

母は、最善を尽くした。とうとう真実を伝えてくれたのだから。また、私がこのタイミングを理解せず、怒りに呑み込まれてすべてが目茶目茶になっていたかも知れないというのに、母が勇気を持ってこのチャンスに賭けてくれたことに、私は感謝した。

「ねえ、ジュディス」

母が言った。私は我に返った。

「お母さんがまだ子どもだったころ、母は私をソファーの上に寝かせてね。そして、私の頭のてっぺんから爪先までを3度払う仕草をしたものよ。それが済むと、私の足を上下に揺り動かすんで、くすぐったくて身悶えしたわ。母はね、この時イーディッシュ語で『グレース、グラブ、ギズント』と繰り返してた。それはね、『素晴らしい人間になるように、耐える力を持つように、健康であるように』という意味なのよ。母は、子どもたちだけにそうしたの。子どもたちが長生きして、素晴らしい人生を送れるように、と願ってね。それは、母が納屋で病人にしていた治療の延長みたいなものだったのね」

私は愕然とした。突然、母も私が子どものころ、これと同じことをしてくれていたのを思い出したからだった。あのころ、母がそうしてくれるのが、どんなに嬉しかったことか。母の仄かな香水の香りと、その手の感触の温かかったこと。そして、あの安らぎ感。そのときの私には、母が何をしているのかわからなかったが、本当はヒーリングをしていたのだ！

世の中の多くの親たちが、その手を通じて子どもたちに〝愛〟を送っている。だが、それを自然な愛情表現として、当たり前だと思っている。これをヒーリングだとは夢にも考えていないが、事実はそうなのだ。子どもが怪我をすれば、その痛みを和らげるために急いでその子を抱きしめる。〝慰めたい〟という衝動、〝肉体的な触れ合い〟に対する要求は、〝愛〟を与え、受け取りたい、という人間の本能的な願いに根ざしている。これが、私たち人間の本質なのだ。

また、こういうこともあった。私が病気になると、母はベッドの端に腰かけ、微かに揺さぶるような動きで胃を優しく撫でさすってくれたものだ。すると、いつの間にか気分が良くなり、眠りに落ちるのだった。

「そうなの」と、母は言った。

「これは、あなたのおばあさまから習ったのよ。あれがヒーリングだってことは知ってたけれど、お母さんはあなたの頭をおかしな考えで一杯にしたくなかった」

私は深いため息をついて、祖母ローズの死を想った。

80歳のとき、祖母はアルツハイマー病になった。祖母の記憶は次第に失われ、子どもの状態へと逆戻りしていった。祖母は、ロサンゼルスに移って来てからの最晩年を、私たちの家から数マイル離れた所にある老人ホームで過ごした。祖母が亡くなった夜、知らせの電話を受け取ったのは私だった。というのは、両親はちょうどヨーロッパ旅行にでかけていて、連絡が取れなかったからだった。伝え聞いたことによれば、祖母はお気に入りのロッキングチェアに座って、ヴァニラコーンアイスクリームを食べていた。食べ終えると、それがどんなに美味しかったかを介護者に伝えたそうだ。それから、祖母は静かに倒れこんだという。完璧なまでのあっぱれな旅立ちだった。私は祖母のことをほとんど知らなかったが、祖母がいなくなってしまって本当に寂しかったのを覚えている。

その冬の間、母は少しずつ、私の他の霊能的な遺産のことも話してくれた。

たとえば、私の従姉妹のシンディーが、真夜中に2番目の子どもを出産したときのことだった。シンディーの4歳になる娘のメリッサは、熟睡していたために両親が祖母に自分を預けて病院へと急いだのにまったく気づかなかった。なのに午前2時、メリッサは突然起き出して来て、ヒステリックに叫んだという。

「ママに何か起きた！」

祖母がどんなになだめすかしても、メリッサは騒ぎ続けたという。事実は正にそのとおりで、そのころ、シンディーは難産に苦しんでいた。それに、麻酔が効き過ぎるというアクシデントもあった。結果的には、シンディーも赤ちゃんも無事だった。けれども、メリッサはシンディーが直面していた生命の危機を感じ取っていたのだ。シンディー自身にも多少霊能力が備わっていたことから、メリッサのこの一件をあとで耳にしても、さして驚きはしなかったらしいが。

このような会話は、私たち母娘の食後の儀式となった。

金曜日の晩、私は仕事を終えると、両親宅へと車を走らせた。夕食後、私と母が仲良く語らい合うのを見届けた父は、気を利かせて、〝レイカーズの試合をテレビ鑑賞するため〟と称して自分の部屋に消えた。すると、私たちのほうはミントティーを片手に、居間へ移るのだった。まもなく、こうした母の告白が大胆になされるようになった。それは、母自身についてのことで、母がそれまで頑なに守り通してきた秘密だった。

「お母さんが初めて診療所を開いたとき……。自分にもいくらか霊能力とヒーリング能力があることがわかったの。私のは、あなたやおばあさまのように強力ではなかったけれど、私にも確かにあったのよ」

〝母も霊能力を持ったヒーラーですって！〟

「私には、現代の医学がすべての答えを持ってるわけじゃないことはわかってたの」

と、母は続けた。

「もう20年も前のことよ。お母さんを担当した腫瘍専門医は、リンパ腫を治療するために最初から静脈へ化学物質を注入するよう勧めたわ。でも、この病気は自分の力で食い止めてみせよう、とお母さんは決めたの。今まで誰にも言ったことはなかったけど、毎朝起きるたびに、〝私はいい状態なのよ〟と自分で自己暗示をかけたのよ。自分のからだに手を置いて、そこから肯定的な考えを流しながら、腫瘍が退縮する場面をこころに思い浮かべたの。だから、こうして今まで健康でいられた、とお母さんは信じてるの。だって、統計によれば、お母さんは今日まで生き延びることができなかったはずなんだから」

「どうしてそれを私に打ち明けてくれなかったの？　私なら理解できたかも知れないのに」

と、私は聞いた。すると、母はこう言った。

「1970年に、初めてお母さんの診断が下ったあのころのことを思い返してみてちょうだい、ジュディス。あなたと私はいつも喧嘩ばかりしてたじゃない。だから、この話を持ち出すのはよくないと感じたの。あなたは自分の中に閉じこもってたし、私の手の届かないところにいた。それに、このヒーリングは個人的なことだったし、もしこのことを誰かに話してしまえば、その力を失ってしまっていたかも知れないわ」

たくさんの喧嘩の場面が、私のこころに甦ってきた……。ドアが大きな音をたててバタンと閉まる。苦々しい言葉のやり取り。もう二度と戻らないから、と脅かしながら家を走り出たこと。私たち母娘は頑固だった。それは、ふたりの意思の戦いだった。母が、なぜあのころの私を信頼できなかったのか、もちろん良くわかっていた。

「そうそう。お母さんがまだ子どもだったころ、ローズおばあさまは予知したことをよく話してくれたわ。それは、本当に奇想天外だった。ジェット機の時代がやって来ることや、快速輸送時代、医療にレーザー光線が使われることなんかをすでに予知していたのよ！　でも、1920年代に誰もおばあさまのことを信じる人なんていやしなかった。母のことをとても愛していたけれど、私はまだほんの子どもに過ぎなかった。母には当惑したものよ。私は普通でいたかったのに、母にはそれがわからなかったの」

母と娘。私たちは2人とも、それぞれに立ち向かわねばならない課題があった。母は、自分の才能を否定することによって自分の母親に対した。私は、自分の霊能力を表現し、それを輝かせるために戦ったのだ。母は、続けた。

「お母さんが10歳のとき、将来医者になる予感があったの。この予感に抵抗することはできなかったわ。でもあのころお母さんは、他人と違った人間は誰かれ構わず見下すような社会にいたの。母は、人が何と言おうと気にしなかったけれど、私はそうじゃなかった。私は母のようにはなりたくなかったのよ。だから、お母さんはこの能力を自分の中にしまって置くことに決めたの」

母がそのような立場を取ったのも無理はなかった。1942年、母はフィラデルフィアのハネマン医学校に入学を許可されたが、その当時の医学の分野は完全に男性に支配されていた。それから30年以上を経た今、当時と比べれば女性入学率も40％にまで増加した。それでも、霊能力に関しては、私の時代でさえも他人から排斥されるのを恐れて、同僚たちとその分野について議論を交わせるとは思えなかった。

母がハネマンに在籍していたころは、伝統療法と同毒療法というカリキュラムが組まれており、祖母が行なっていた薬草治療を理論的に研究することもできたはずだが、それらはすでに現代医学の主流から外れてしまっていた。

「時たまだけど、お母さんには患者さんが話し出す前に、何を言うかがわかったのよ。お母さんの頭の中で囁き声がして、それに耳を傾けると、決して間違いはなかったわ。リタがいい例よ。1度、彼女がひどい風邪でお母さんの診療所にやって来たの。あれは、熱を計っていると囁き声が聞こえたの。

〈彼女の胸を調べてみるように〉とね。お母さんはその直観に従ったの。そしたら、リタの左胸に豆粒くらいの固いしこりを見つけたのよ。それで、彼女に乳房撮影と生検を受けさせるように手配したの」

「それで、どうなったの？」

私は、その話に惹きつけられた。

「ええ。そのしこりは悪性だったの。1週間のうちにリタはそれを手術で除去して、放射線と化学療法を始めたわ。今から2年前のことよ。それ以降も彼女は癌の再発をみていないわ。まあ、あれほど早いうちにそのしこりを発見できていなかったら、癌が広がっていた可能性は大いにあったけど」

今、私は母のことを以前とは完全に違った目で見ていた。私が自分の診療に霊能力を取り入れようと奮闘を重ねていたときに、母はすでにそれをやってのけていたのだ！　そうとは知らず、私は家族の霊的な伝統を受け継ぎ、母の足跡を辿っていたのだった。

この後、母の妹のフィリス――彼女はフィラデルフィアで薬学を専門とする医者なのだが――も霊能者であることを知らされた。この姉妹には互いに競争心があったが、それでも自分たちの霊能体験のことを誰にも話せないとき、2人はよき親友として夜通し電話で話し合ったという。

「1963年に、フィリスの夫が心臓発作に見舞われたのよ。そして、彼が入院中に、妹は医者のグループと一緒に回診している夢を見たんですって。そのときの医者の会話から、妹の夫に適した薬は、皮下へパリン剤だということがわかったと言うの」

「それが一体、霊能力とどんな関係があるの？」

「ヘパリンは、今では血栓を防ぐ目的で、心臓病患者に当たり前のように処方されている薬よ。でもね、１９６０年代初頭には、ヘパリンはその目的では使われていなかったのよ。それに、心臓病治療に効果的だという臨床報告もなかったの。だから、妹が自分の夫にヘパリンを投与するように心臓専門医に頼むと、もちろん拒否されたわ。それで、彼女は自分でそれをやっちゃったの！　妹は普段あまり夢を見なかったんだけど、見るときはほとんど正夢だったわね」

「フィリス叔母さんは、お母さん以外の誰かにその夢のことを話したのかしら？」

母は、頭を横に振った。

「1度、別の医者にそのことを言ってみたことがあるらしいけど、彼があまりにも妙な顔つきをしたんで、それからもう2度とそのことを持ち出さなくなったんですって。彼としては、科学的な根拠が欲しかったんでしょうね。だけど、もちろん妹にはそんなものはなかった」

１９４２年以来、私たち一族の中には25人の医者がいた。そのうち５人が女性で、その５人にはすべて何らかの霊能力があった。しかし母の知る限り、男たちが霊能者であったことはなかった、という。理由はわからないが、この情報を簡単に受け取ることのできる、何かしらの特性が女性の側だけに備わっているのかも知れないし、それは単に遺伝的なものなのかも知れない。あるいは、男にも霊能力があったのかも知れないのに、女のようにその力を表現しやすい社会的環境になかったのかも知れない。

何はともあれ、こうした一族の霊的な歴史を知ったことで、自分の容姿に対する長年のマイナスの思い込みから解放される、という副産物まで生じることになった。鏡の中の自分のモディリアニ顔（編集部註：特徴的な細面顔）を覗いてみる。オリーブ色の肌に、他人の目にはちょっと切れ長過ぎると映る茶色の瞳。私は今の自分が好きだった。そう、私は強くなった。

ところが、私の強さが増す一方で、母の存在は次第にかすみ始めた。それでも、母は生に対する激しい情熱によって自分を駆り立て、その後2年間を生き延びた。衰弱してはいたが、気はしっかりとしていた。母の診療所は相変わらず流行《はや》っていたし、1日たりとも診療を休むことはなかったので、父と数名の友人のほかは、母の病いが重いことをまったく知らなかった。綺麗にお化粧した母は、8時間ノンストップで患者を診察し続けたので、誰も母の健康を疑ったりしなかったからだ。

それでも、癌が進行するにつれて、さすがの母にも夜には疲労困憊《こんぱい》の色がありありと見えるようになった。それなのに、私は母のその状態を認めることを故意に拒んでいた。知りたくもなかった。母にはこれからも永遠に生き続けて欲しかったからだ。今や、母娘の戦いは終わり、私は母を絶対に失いたくなかった。母の死など、とても考えられなかったのだ。

1992年10月初め、母がマリナ・デル・レイの私の住居を訪ねてきた。私たちは浜辺の上に敷布を広げ、ひとしきりおしゃべりに花を咲かせたが、私はこのところ8ヶ月もの間休みを取っていなかったせいで、イライラが募っていた。そこで、時間を作り出すのがうまくない私のために、母は私の診療予約表を丹念に調べ上げ、その月の最後の一週間を休暇にあてるように、とアドバイスしてくれた。その休暇の前の晩、私は夢を見た。

【私は子どもの姿をしていて、市民公園の芝生の上で、太極拳の練習をしていた。それを指導してくれていた先生は、年老いた東洋人の男性だった。私は彼に見覚えがあった。というのは、その先生は私の昔の夢によく登場した人物だったからだ。彼の適切な導きで、私は生と死のはざまに架けられた橋の渡り方を学ぶことができた。そして、自分がこの両方の世界をいとも簡単に行き来できることに、有頂天になっていたところに、先生が言った。〝来るべきことに備えて、あなたはこの能力を習得していることを覚えておかねばなりませんよ。死は終わりではない、という信念を持たねばいけませんよ〟と】

意のままに、その2つの世界を自由に行き来できることを存分に楽しみながら、私は布団の中で半分うとうとしていた。ところが、はっきりと意識が目覚め、その夢の意味がわかりはじめるにつれ、私の手足は冷たくなっていった。それは、母の死の明らかなサインだった！　私は、悲しみの大津波に飲み込まれそうになった。だがこのときは、8ヶ月振りの休暇に当たっていたので、この夢のことをくよくよ考えて、せっかくの休暇を台無しにするのはよそう、と決めた。

私は、その一週間を存分に楽しんだ。太陽の光を吸収し、アン・ライスの『インタヴュー・ウィズ・バンパイア』に読み耽《ふけ》り、超自然的な世界の中に浸り切った。そして、日に1時間は瞑想し、生活のペースを穏やかな速度に落としていった。休暇が終わったとき、私は再びエネルギーに満ち溢れ、気分も爽やかになっていた。私は再び仕事を始めたくてウズウズしていた。

ところが、仕事に復帰して初めての夜、私が最も恐れていたことが、現実のものとなってしまった。私は父から緊急の電話を受け取った。

「ジュディス、お母さんが40度の熱を出して倒れたんだ。今、シダーズ・シナイ病院の集中治療室だよ」

その声は、弱々しかった。

父のその言葉が、まるでスローモーションで話しているかのように、長く、低く、引き伸ばされて聞こえた。私の感覚は麻痺していた。しがみつくことのできるものが何もなく、私はたった一人で奈落の底に落ちていった。コントロールを失って、くるくると回転しながら……。

自分でもどうやって病院まで運転していったのか覚えていない。どの道を通って行ったのかも思い出せない。覚えているのは、壁に訳のわからない現代美術品が掛かっている病院の長い廊下を、茫然自失状態でフラフラと歩いて行ったということだけだった。私はエレベーターで、集中治療室のある3階まで上がった。そこで、父と一緒になった。私がそれまで多くの末期患者を診て来たのは、正にこの集中治療室だった。そして、この現実を目の前にして、私は激しく動揺していた。なぜなら、延命装置につながれていたのは、見知らぬ人ではない。他ならぬ私自身の母だったのだから！

私に生を授けた人がベッドに横たわり、あらゆるところに管を通され、頚動脈にはカテーテルが差し込まれていた。手首と足首は、点滴を引き抜かないように縛られていた。母は熱に浮かされ、喚《わめ》き続けていた。私のことさえわからなかった。私は、その場面の恐ろしさ、私の無力さに、ただ無言で立ち尽くしていた。

真夜中も大分過ぎてから、私は家に帰り着いた。すぐにベッドに入ったが、なかなか寝付けなかった。そこで再び起き出し、私が子どものころいつも一緒に眠った、古びた白い縫いぐるみの兎を探すため、衣装戸棚の中をしばらく引っ掻き回した。それを手にすると、腕にしっかりと抱きかかえ、もう一度布団にくるまった。シーツはすぐに汗でびっしょりになった。痛みはあまりにも大きく、どうしてそれをやり過ごせばよいのか、まったくわからなかった。私は、母を失うことで、こころの中にポッカリと空くであろう空洞をひどく恐れていた。

その夜、私はベッドで眠ることを諦め、祭壇の横に寝床を作り、そこで眠ることにした。そして、〝神さま、助けてください！〟と、一生懸命に祈った。午前3時、私はやっと夢の世界へと落ちていった。

【私は、神さまが現れるのを受け付けで待っているところだった。だが、神さまはいまだ現れず、私はイライラしていた。神さまの女性秘書が、「神さまは、今、お取り込み中ですので、ジュディスさまにメッセージをお伝えになりたいそうです」と告げた。それによれば、神さまはご自分の遅刻をお詫びになっていらっしゃっていて、間違っても私がそれに腹を立てて、その場を立ち去ってしまわないように、と望んでおられる。そして、用が済み次第、私が好きなだけ面会してくださるとお約束なさった、とのことだった】

朝がやって来ても、私はまだ動揺していた。でも私は再び自分を取り戻していた。それというのも、私が求めた助けに対して、返事が返ってきたのだから！　神さまが、私とともにいてくださるとわかったことで、私は本当に大きな慰めを得ることができた。母の状況は悲惨極まりなかったが、私のパニックと絶望はこの夢のおかげで軽くなった。

24時間のうちに、母の熱は下がった。その日の午後遅く、母を病院に見舞った。母はぐったりとして、ほとんど口を利くこともできなかった。それでも、意識がはっきりしたほんのいっときの間、

「ジュディス。お母さんの力をあげるわ。これはあなたのものよ。あなたには、この力を受け取る準備ができてるから」

と言った。

「そんなメロドラマみたいなこと、やめてちょうだい！」

と私は答えた。しかし私には、それが本当のことだとわかっていた。そのとき、母が金色の盛り付け皿に、永遠に熟したままの甘美な果物を山盛りにして私に手渡す、というヴィジョンが見えたからだった。私の一族に代々伝わる贈り物――すなわち、霊的な遺産が確かに受け渡されたのだった。

この時期、私にとって一番辛かったのは、母が自分の病気に対してコントロールが利かないほど、激しい怒りに囚われていたことだった。母は、当然ながら死にたくなかったのだ。それは、血まみれになってノックダウンされながらも、再び起き上がろうとするプロボクサーのようだった。一日の仕事を終えたあとで病院を訪ねてみると、母はカッと目を見開いて、まるで悪魔のように父と私めがけて悪態をつくのだった。私はもちろん我慢した。それでも、私たち母娘の関係が険悪にならないと見たときは、私も何度か癇癪を起こしたこともあった。そうしたある晩、私はまた別の夢を見た。

【私は刑務所の独房の中だった。そこから、天に対して激しい怒りをぶつけていた。別に、答えを期待していたわけではなかったが、腕を宙に振り上げながら、「何だってこんなことになってしまったの！」と叫んでいた。そうして、膝からくず折れてしまった。すると、どこからともなく、私に話しかける者があった。「病気と闘っているお母さんを見ることで、あなたは哀れみのこころというものを学んでいるのですよ。これは、容易なことではあり

ません」】

母の怒りを一手に引き受けているときに、〝哀れみのこころを持て〟というのは難しいことだった。母は、死の恐怖に苦しめられている。母は、真夜中に自分が死ぬ悪夢を見て目を覚まし、パニックに陥ることがあった。一度など、その夢の中に両親が現れて、一緒に来るよう求めたという。母はその申し出に激しい怒りを覚え、両親を追いやってしまったらしい。

だが、私は自分の夢のおかげで、母の行動をまったく違った観点から見るようになった。母の怒りは、実は父や私に向けられているのではない。その怒りを燃やし続けることによって、生きながらえようとしていた、ということがわかったのだ。とはいえ、これは母の意識的な行動ではなく、むしろ、死に対する母の本能的な反応であったと思う。

ユダヤ教は、母にとって常に大きな意味を持っていたが、ここへ来て、母は〝神が私を重い病気になるようお仕向けになった〟あるいは〝神は私をお見捨てになった〟との想いに囚われるようになっていた。かつて母を支え続けていた宗教に対する信仰が失われた今、〝怒り〟だけが母の持てるすべてだったのだ。それは、まるで消え入ろうとする炉の最後の燻《くすぶ》りのように見えた。

しかし、間もなく、母の〝怒りの鎧〟にひびが入り始めた。母は、私の膝枕で眠りたいと言い、子守唄を歌って欲しいと頼むようになった。私は、他人がそれをどう思うかなど気にせず、そのとおりにした。母のからだをさすりながら、私が伝えることのできる愛のすべてを注ぎ込んだ。

すると、母は子どものようにリラックスした。母は、見舞い客に自慢げにこう言った。

「娘は魔術師なのよ。娘が来てくれるときは、睡眠薬なんて要らないの」

家族や友人たちが痛みに喘ぎ、絶望に打ちひしがれているとき、私たちは無力を感じて、ただ座っている必要はない。私たちの愛の真心で支えてあげることが出来るのだから。本当のヒーリングとは、現実の生活の中で試されるもので、こういうときこそ、学んできたことを総動員してそれを行動に移すときなのだ。私の場合、精神世界を学んできたことが、母の死に耐えられるだけの力を授けてくれた。すべては、最初からこの瞬間のために準備されてきたかのようだった。

１９９２年のクリスマスの朝だった。私が病室を出ようとすると、母が私に向かってこう囁いた。

「愛してるわ、ジュディス」

この言葉を最後に、母は昏睡状態に陥った。それは、10日のあいだ続いたが、それでも生命維持に必要な呼吸だけは安定していた。私は母の生に対する執着を甘く見ていた。母はどうしても肉体を捨て去ろうとしなかったのだ。新しい年が明けて最初の週、母が私の夢の中に登場した。


【私たち母娘は、２階建てのアパートの屋上に立っていた。母は今よりも20歳ほど若く、力強いエネルギーがみなぎっていた。私は母に〝飛びたい？〟と尋ねると、手に手を取り合って、街の上を太陽に向かいながら上昇していった。母は、難なく飛べることに驚いて

いた。冷たい風が、私たちの顔を吹き過ぎていった】

私は浮き立つ気分でベッドの上に起き上がった。が、数分も経たないうちに、気分は真っ逆さまに落ち込んでしまった。空飛ぶイメージは、母に差し迫っている死を象徴していたのだから。母は、もう間もなく、この世を去ることだろう。私が微かに抱いていた母の回復への希望は、その夢と共に露と消えた。遂にそのときが来たのだ。

私は再び病院を訪ねた。涙が私の頬を伝って流れた。きっと私の言うことがわかるに違いないと信じて、母に話しかけた。

「お母さん、このままずっと肉体にしがみついていることはできないのよ。からだを捨てなければならないときが来たのよ。何も怖がることはないわ。だって、死んでも生命は終わらないの。どこか別の場所へ行くだけなのよ。そこでも、お母さんがやらなければならないことは山ほどあるし、お母さんと私はこれからも連絡を取り合えるわ。私たちのコミュニケーションは、永遠になくならないのよ」

母が、まったく反応を示すことが出来ないほど、深い昏睡状態にあったのはわかっていた。それでも、私の言うことがわかったとでもいうように、母が私の指先を優しく握るのが感じられたのだ！ 私は母の手を握り返しながら、瞑想した。すると、部屋全体を黄金の波が脈打った。

母のそばにずっとそうしていたかったが、私は〝あえて〟そうしなかった。

あれは、私がとても可愛がっていた14歳のラブラドール・リトリーヴァが死にかけていたときのことだった。私は動物病院から母に電話を入れた。すると、母は大急ぎで病院まで駆けつけてくれた。母は、私が犬を抱き寄せながら座っているのを見ると、〝さよならを言って、その場を立ち去ったほうがいいわ〟と言った。

私が犬のそばにいる限り、犬も私のそばを離れないように、必死に生きようとするだろう、と言うのだ。この上なく辛かったが、私は母の言うとおりにした。すると、間もなくして私の犬は死んだ。あのときの母の賢明な助言に、今また、同じように従わなければならなかったのだ。

母のほうにもう一度目をやってから、私は短く最敬礼した。そして、永久の別れを述べ、病室を出た。駐車場まで歩いて行きながら、私は妙なこころの落ち着きを感じていた。母と私との間には、もう何もやり残したことはなかった。私は薬物中毒治療センターの患者を診る予定があったので、雨上がりのすがすがしい空気の中を、ダウンタウンの住宅街に向けて車を走らせた。

その30分後、母が亡くなった知らせを父から受けた。

母は大いなる深遠へと旅立った。母は、私の願いを聞き届けてくれたのだ！

母の死から3日経っても、あの世からの連絡は何もなかった。自分のそばに母の存在を感じるのではないかと期待していたのだが、それも感じられなかった。父と私で葬儀の手はずを整《ととの》え、親族たちがフィラデルフィアから飛んできた。

埋葬当日、私はスカートのウエストのゴムにフクロウの羽を一本隠し挟んでおいて、地中深く掘られた墓穴の棺の上に投げ入れた。アメリカインディアンはフクロウの羽を、目に見える世界と見えない世界のあいだを行き来するシンボルと考えている。きっと、この羽が母の旅路を無事、案内してくれることだろう。

その夜、私は遂に夢の中で母との再会を果たした。

【母と私は、海を見下ろす私の家のバルコニーに立っていた。母が、私に穴の沢山あいた大きなスポンジを手渡して言った。

〈必ずこれを使ってちょうだいね。これは、世界中で一番高品質のへちまスポンジなのよ〉

私はこれが何の意味なのかわからず、途方に暮れてたが、とにかく、スポンジを受け取った。すると母はニッコリと微笑み、消えてしまった】

母のプレゼントをどう解釈してよいのだろうか。

へちまスポンジは、からだの角質をこすり落とすのに使われるもの……とすれば……答えが閃いた。古びた過去を消し去り、新しいものに置き換えることの大切さを、母は伝えようとしていたのだ！　私が母の死をいつまでもくよくよと考え、過去にばかり想いを寄せないように、と励ましているのに違いなかった。

もしも、こうしたタイムリーな夢の数々が私を導いてくれていなかったとしたら、母が亡くなるまでの3ヶ月をどうやって耐えられたか、想像もつかない。きっと自分を見失っていたことだろう。私は夢によって守られていた、と感じる。夢の持つ智慧と慰めにより、救われたのだ。

こうした霊的な夢は、私たちが危機的状況に瀕しているとき、偉大な内なる智慧を授けてくれる。大切なことは、受け取った情報を信頼することだ。たとえ、あなたが一人ぼっちだったとしても、この私たち全員に備わっている内なる智慧が、必ずや助けとなってくれることだろう。

あれから今日まで、私は母の存在を頻繁に感じる。

ある晩など、私が眠りと覚醒の狭間を漂っているとき、母がその手で私の髪を撫でてくれているのを感じた。私が目を開けると、母は行ってしまった。

また、こうしたこともあった。あれは、母が亡くなってから初めての「母の日」のことだ。私は母の古い旅行写真を見ていた。それは、母がエジプトの砂漠でラクダの背に乗っている写真だった。私は母の顔をじっと見つめた。とても懐かしかった。そのとき、母が突然私にウインクしたのだ！　びっくり仰天した私は、慌てて隣りの部屋にいた友人に知らせに走った。すると、友人が言った。

「ああその写真ね。朝私も見たけど、ジュディスのお母さんは、私にもウインクしたわよ」

母らしいやり方だ。きっと、こうして私たちの気を引くことで、母が健在であることを知らせ、安心させたかったのだろう。

母が亡くなったことでやって来た大きな贈り物もあった。それは、私と父が仲良くなったことだった。

父と私は深い愛情を持っていたが、母がいつもその間に立ちはだかっていた。だから父と私は、いつもどこかよそよそしかった。それが、母の死後、初めて心から打ち解けることができたのだ。今では、私たちは毎日のように電話で話し、週に一度は夕食を共にして、互いの生活を伝え合っている。

父が最近になって、私が母のお腹にいたときのことを語ってくれた。超音波で母の胎内をのぞいた父は、私の頭の形が父のとそっくりなのに気がついたそうだ。私がまだ幼かったころは、2人がとても良く似ていることに当惑したものだった。自分の細長い顔、突き出した額、小麦色の肌。それから、いくつかの単純な仕草の中にさえ――何かに集中すると、膝の間で手を組み合わせるなど――父のイメージを彷彿とさせるらしかった。だが今では、私たちが似ていることについて父が自慢気に話すとき、私も同じように誇りを感じるようになった。

母が亡くなってから、ちょうど1年が経った1993年のクリスマスの日。私は毎年のように繰り返してきた、自宅近くの砂浜でカモメたちにパンを振舞うという儀式を執り行なった。

この日は、少なくとも30羽が私の頭上に群がって、手からパンの大きな塊りを積極的にもぎ取っていった。最後の1羽が行ってしまうと、私は砂浜にあぐらをかいて座り、自分の一族の女たちの顔を思い浮かべた。

ある者は亡くなり、ある者はいまだ健在である。私は、従姉妹にあたるシンディーの娘メリッサに、特に親しみを感じていた。4歳になるメリッサは、すでに霊能力を発揮し始めていた。メリッサは、私の子ども時代よりずっと恵まれていた。彼女には支援者がついている。母親のシンディー、祖母のフィリス、それに私だ。

そして遠い将来、メリッサが母親になれば、彼女は自分の娘にも霊能力を伝授していくだろう。こうして、自分が死んだそのずっとのちも、この先祖伝来の贈り物が受け継がれていくのだ。

私は浜辺をあとにして、暖かな自宅へと向かって歩き出した。

第7章　見るための準備

初心者の頭の中には、多くの可能性がある。言い換えれば、熟練者の頭の中には、それがわずかしかないということだ。

鈴木俊隆　老師

あれは、9歳のときだった。そのころ亡くなったばかりの祖父が、私をイエスさまのところへ連れて行ってくれた夢を見たのは。夢の中の私は、イエスさまを目指して駆け出すと、その温かい胸に飛び込んでいた。祖父が見守る中、イエスさまは私を抱きしめてくださった。遠くのほうからは、天使たちの歌声も聴こえていた。このとき感じていたのは〝愛〟そのものだったのを今でも覚えている。

喜びに包まれながら目覚めてみると、部屋のドアが音をたてて開くところで、何らかの異変を感じ取った母が、私の寝室に駆け込んできた。

「大丈夫なの、ジュディス？」

私は、そのときでもまだ天使たちの歌声をはっきりと聴くことができた。

「イエスさまを見たのよ。夢の中で、おじいちゃまと一緒だったの」

「イエスさまですって！」

母は驚きの声をあげたが、すぐに普通の調子に戻ると、

「そう。何か起きたのかと思って心配したけど、何ともなくてよかったわ。おじいちゃまは、あなたのことが本当に大好きなのよ。さあ、もう寝なさい」

そう言って優しく私を抱き寄せながら微笑んだ。

その翌日、私が再び夢の中のイエスの話を始めると、母は昨夜と打って変わって眉をひそめた。

「ジュディス！　一体どこからそんな考えを仕入れてきたの？　お母さんはあなたを模範的なユダヤ人として育ててきたはずよ。あなたのお友達は皆ユダヤ人なのよ。お母さんもお父さんも、イエスについて何も教えたはずはないのに」

私は、ただこの驚くべき愛の存在に夢の中で偶然出食わしただけだったのに。〝私は何か特別にいけないことをしてしまったのかしら〟と感じて戸惑っていた。私は母の反応を理解できなかった。なぜ、イエスのことを話すとユダヤ人として失格なのだろうか？　私は、彼のことを愛《いと》しい友人だと思っていただけなのに。

その後、当然ながら、私が二度と再びその夢の話を、母や他の誰かに話さなかったのは言うまでもない。イエスについて言えば、彼は夜の間に時折現れる夢の一部分に過ぎなかったが、今にして思えば、イエスは私の最初の霊的な教師だった。そして、私が瞑想中に感じたような〝愛〟

に初めて触れたのも、あの夢の中でだった。

私の初期の霊的な夢は、〝見るための準備〟だったのは確かだし、私が〝信仰の形式は愛ほど重要ではない〟という事実に初めて出会ったのもあのときだった。

別に、霊的な導きがなくても霊能者になるのは可能だ。言い換えれば、この能力は訓練次第で発達させることができるからだ。大切なのは〝霊能力とは、愛とヒーリングパワーに直接つながるための強力なツール〟として本来あるべきものということだ。

私は、霊性を高めていくためには、まずこころを開いていくことが絶対に必要だ、とこれまで教えられてきた。それに、この道を進む路程で、私たちが落下しても怪我をしないように常に防護ネットが用意されていることもお忘れなく。私自身も、そのネットがどんなふうに差し出されるのかを実際に体験してきた。神は、いつも私たちと共にいてくださるのだ。

神はその時代時代によって、いくつもの顔と名前をお持ちになってきた。

たとえば、神、イエス、釈迦、主、タオ、父なる空、母なる地球、愛……など、それこそ数えあげればきりがない。もしかすると、それは名前さえ持たないかも知れない。私たちの内なる静かな場所に存在する〝何か〟かも知れない。ただ形がどうあれ、この崇高なる慈愛に満ちた存在と繋がることによって、私たちの気づきは大きく広がっていく。相乗的に、私たちのこころもより大きく開かれていき、霊能的な事象を受け入れやすい状態がつくられるのである。

このように〝見る〟能力は、内なる巡礼の旅によって生まれる。言い換えれば、魂の探求や、内なる声に耳を傾けること、感受性を研ぎ澄ませていくことなどで、素晴らしい洞察力がもたらされるのである。

人によって、神の呼び名が様々なように、霊性を探求する勢いも、様々に変化する。ある人は、それをゆっくりとしたペースで探求するだろうし、またある人は、私のようにそれは目の前で疾風の如く展開されるかも知れない。またある人は、人生のある時点から、青天の霹靂のように、霊的な夢を見るようになり、強烈な予感を持つようになる。

多分、その人はそれまで自分を〝霊能者〟などと考えたこともなかっただろう。そして、いまだに自分の体験したことが信じられない。そう、その人は明らかに岐路に立たされているのだ。だが、躊躇している暇はない。なぜなら、その人はさらに前へと進むように引っ張られているのだから。それでも、その人は自分自身の体験を否定するだろうか？　以前のままの人生を送り続けるのだろうか？　そんなことはあり得ない！　なぜならそれは〝もっとこころをお開きなさい！〟と何者かがその人にサインを送っている証拠なのだから。それは、正に神さまのお導きなのだから。

＊

そんなある日のこと、ソフィーと名乗る老女が私のもとを尋ねてきた。

ソフィーは、自分の気が変になったのではないかと訴えた。ソフィーはあるテレビ公開番組に出演していた私の姿を偶然に見つけた。私はその番組の中で、母が亡くなった後、どのようにして私を夢の中に訪ねてきたかについて語っていたのだが、彼女はその内容を聞いて、私の診療所に予約を入れたとのことだった。

ソフィーは70過ぎのユダヤ系移民で、アパートでひとり暮らしをしており、1年前に息子をコカインの多量摂取による事故で亡くしていた。彼女は、息子が死んだ直後から鬱状態に陥ったのだった。

「誰にもこんなこと、言いにくいんですが……。夕食を終えると、台所に息子が現れて、私の向かい側の椅子に腰掛けるんです。そして、私の話に付つき合ってくれるんですよ。頭が変だとお思いになるかも知れませんが、息子はちょうど今のあなたと同じように、本当に生きてる人間のように見えるんです。でも、テレビであなたのお母さまのお話を聞いたとき、あなたならわかってくださるって思ったもので。私はやはり、正気を失っているんでしょうか？」

彼女は、セラピーにやって来た訳をこのように説明してくれた。そして、彼女の2人の娘にこの話をしても、とても理解してもらえる見込みはない、とつけ加えた

ハンドバックをしっかりと抱えたソフィーは、古びたウールのコートに暖かそうにくるまりながら、ソファーの端にきまり悪そうに座っていた。それまで、セラピーなど受けたことのない彼女にとって、きっとこの診療所を訪ねてくるのには、相当な勇気が必要だったに違いない。

私は、そんな彼女の真実をつかもうとする健気な姿にこころを動かされた。それに彼女がごく普通の人間でありながら、息子のヴィジョンを見たという点に、私は興味を覚えていた。もちろ

ん、ソフィーは自分のことを霊能者などと思っていなかった。

ソフィーにもっとリラックスしてもらいたかったので、私は彼女の横に座ってお茶を勧めた。そうして話しているうちに、彼女は少しずつ打ち解けていき、最後には一気に1時間以上も休みなく話を続けた。話を聞いているうちに、困難なときにも自分の面倒は自分でみるような強い意志を持つ、彼女の全体像が見えてきた。そして、彼女が以前に精神病だったと示すものは何もなかった。

彼女は亡くなった息子の幻《まぼろし》を見ていただけなのだろうか？　息子を失った悲しみから、このようなイメージを自分で作り上げていただけなのだろうか？

私はそうは思わなかった。

彼女の息子についての描写は、リアルで納得のいくものだったし、私にも息子のその微細なヴェールのような存在を感じることができた。そして何よりもその息子は母親に対して愛と思いやりを伝えていた。それに、たとえ私たちの目に見えたり、聞こえたりしないからと言って、彼らがそこに存在しないという証拠にはならない。なぜなら、こころ静かに私たちの直観を研ぎ澄ませば、その存在を感じ取ることも可能なのだから。

このように、霊感によって死んだ人の魂を感じることはよくあることだ。とは言え、これを証明する方法はまだ確立していない。しかし、証明できない、と断言もできない。これは現時点では単に〝信じるか信じないか〟の問題だと思っている。

生理学的に見れば、人間が精神および肉体の危機的状態にあるときには、からだのシステムが反応し、変化をもたらすのは確かである。それが、突然ソフィーにヴィジョンが見えるようになった原因なのかも知れない。たがこの変化こそ、私たちに気づきを生じさせるきっかけとなる。それは不快や不安をともなうこともあるが、私は人生の好機だと捉えている。人は機が熟せばソフィーのように気づきを迎えるのだ。

ソフィーの打ち明け話を聞き終え、彼女の体験したことは本当のことだと請合うと、彼女は喜びのあまり、私の手を握ってキスをした。

「亡くなった人たちが、まだやり残している仕事があると感じているとき、彼らの魂はその肉体を去ったあとでも、まだグズグズしているものなんですよ。息子さんの場合、あなたが無事にやっていけるかどうか、確かめているのではないかしら。だから、あなたのほうで準備ができたとき、〝もう逝《い》ってもいいわ〟と合図をしてあげなければならないんですよ」

ソフィーが、なぜすぐに合図を送ることができないのか、私にはよくわかっていた。私だって、母を生かすためならどんなことでもしただろう。母を失うなど、思いもよらないことだったのだから。

彼女が霊として現れるわが子から解放されるには、息子の死としっかり向き合わねばならないだろう。そのためにも、霊として姿を見せる息子の存在が、彼女にとっては必要なことだった。

ソフィーは、霊の息子とこころゆくまで対話をすることによって――そのうちの何回かは、私の診療所で行なわれたのだが――ゆっくりと息子の死に順応していった。

それから数ヶ月、ソフィーが再び自分の人生を歩み始めると――たとえば、教会のシニアサークルに参加したり、新しい友人を作ったりしたことで――息子は次第に彼女の前に姿を現さなくなっていった。そして、遂に彼女に〝さよなら〟を言う準備が整ったとき、息子は彼女の前から消えたのだった。

あなたがもし疑り深い人間であったとしても、あるいは、単に好奇心から精神世界に足を踏み入れたとしても、この旅路はすべての人間に開かれている。あなたが、これまで霊的体験をしたことがなかったとしても、まったく問題はない。ひとたび、あなたの準備が整って、その扉を開けさえすれば、すべてが始まるのだから。不信感を一時的に保留し、あなた自身を閉じ込めていた牢獄を思い切って打ち壊すことができればよいのだ。目覚めるには、行動する勇気が必要なのだ。

霊的なプロセスには、完璧なリズムというものがある。その大河のような流れに乗りさえすれば、それは自然にあなたを運んで行ってくれるのである。とはいえ霊的理解は、1日や1週間で得られるものではない。その人に準備ができている分だけの進歩を与えてくれる、というのがこの流れの鉄則である。この霊的な気づきは、私たちを常に誠実であり続けさせ、自我が風船のように膨らんで制御不能となるのを防いでくれる。

精神世界の探求に付随してやってくる力は魅惑的だ。だからこそ、この最初の段階では適切な教師に付くべきだろう。私自身、ブルー・ジョイのワークショップから戻って1年のあいだ、様々な霊能者に会った。〝サンフランシスコ在住で、死者のメッセージを古代の精霊からチャネリングするという元主婦〟から〝ハリウッドスター御用達の霊能占星術家〟まで、週末には霊能者巡りをした。だが、いずれも何か違うように感じ、辟易《へきえき》していた。

そんなある日、友人が、マレーシアから移民してきたという瞑想教師のことを教えてくれた。瞑想が霊的理解を深め、霊能力を増大させることをブルーから教わって知っていたが、霊能者巡りですっかり誰かに付いて学ぶ気を失くしていた。でも、瞑想には興味があったし、紹介してくれたこの友人は、本物か贋物かを直ちに見抜く才能を持った人物だったので、私はその瞑想教師に一目会ってみたくなった。

1週間後、サンタモニカのダウンタウンにある簡素なオフィスビルを訪ねた。軋む階段を上っていくと、1台の机と2脚の使い古した肘掛け椅子が置かれただけの、ガランとした事務所があった。その隅のほうに静かに座っていたのは、40代半ばの男性だった。

私の才能や欠点など、すべてを見透かしているようなその眼差しに我を忘れてしまった私は、彼がまだ一言も発しないうちから、尋ねられもしないのに、自分の物語をどんどん話し出してしまった。彼は一言も口を挟まず、じっと耳を傾けてくれた。

私が話し終えると、彼は自分の経歴や瞑想哲学について、くだけた英語でゆっくりと控え目に話した。彼の話の中身は特別に含蓄を含んではいなかった。

それでも、彼の態度が愛情に満ち溢れ、紳士的だったので、私はたちまち彼を信頼してしまった。私はこうして、自分の師を見つけることになったのだった。

日曜日の朝、私は2時間の瞑想クラスに通い始めた。

がっかりしたのは、このクラスが、期待していたのとはまったく違っていたということだった。少なくとも、何かしらこころの平安がすぐに見い出せるものと思っていたのに、目を閉じたその瞬間から、感じるのは不安だけだった！　座り始めの最初の2、3分間がいつも辛かった。こころの中のお喋りは止《や》まず、私はそわそわし続けた。さらに悪いことには、お隣りの部屋では、激しい宗教体験を通してその信仰を深めていくというキリスト教の一派が、大声で熱狂的に賛美歌を歌っていたのだった！　こんな騒動の中で、一体どうやって瞑想せよというのだろうか？　ところが、師のほうはまったく意に介していないようだった。私は我慢できず、イライラが募るばかりだった。そんな私を見て、

「ジュディスさん。歌に気を取られないようにしてみてください。とにかく瞑想を続けるのです。やがては、簡単にそうすることができるようになりますよ」

師は微笑みながら、こうアドヴァイスしてくれた。

もちろん自宅でも瞑想を試みた。しかし自宅で集中するのは大変だった。

師は言った。

「瞑想には訓練が必要です。1日、5分だけやってごらんなさい」

〝なあんだ、そんなの訳ないじゃない〟と、私は思った。だが、私はそれにさえ成功しなかったのだ。というのは、いざ瞑想を始めようとした途端、あれやこれやの雑用を思いついては、瞑想用の座布団からますます遠のいて行くからだった。それは瞑想をしたくなかったのではなく、ただ単に自分をそのように仕向ける訓練ができていないだけだったことが、今になってみるとわかるのだが。

瞑想とは、ただ足を組んで目を閉じれば良いというほど単純ではなかったのだ！　瞑想用の座布団に座る、ただそれだけのことでさえ大変なことだったのだ。

そんなふうに、ひと月が経ったころだった。

教室で瞑想しているとき〝何か〟のギアが突然入れ替わった。

どのように、また、なぜそうなったのかはわからない。私がいつもと違うことをしたわけでもなかった。お隣りからは、相変わらず大声が聞こえてきていたというのに、今やその声も、頭の中のお喋りもまったく聞こえなかった。その代わり、私の中にあったのは沈黙と静寂だけだった。遂に心地良い瞑想体験が、私にもたらされた瞬間だった。

この状態に無理やりなろうとしても、無駄だったに違いない。たとえ、何の進歩も見られないようなときでも、私は来る日も来る日もただそこにじっと座るという訓練を積むしかなかった。ところが自分でも気づかないうちに、私は進歩していたのだった。〝続けること〟こそが秘訣だったのだ！　そしてひとたび、瞑想で平安な気持ちを味わうことができるようになると、次からは容易にその状態に入っていけるようになった。定期的にこころを鎮めることによって、私は自分の内面と向き合うという、新しい状態に慣れていった。

それからは、こころの深層に存在する静寂の中へ、常に戻るよう努力を続けた。それは、人間に本来備わる生き生きとした生命力に触れることでもあったが、その生命力は、瞑想中やその他の折に触れて、しばしば私に語りかけてくるようになった。

つまり、あるとき突然、それまでずっと悩んでいた問題の解決案が浮かんできたりするようになったのだ。それは、霊能者として、具体的でより確かな〈声〉を聞くことにつながった。これまで偶発的だとも思えた〈直観〉や〈声〉が、自分の一部、あるいは人生の完全な一部として発展していることを感じた。

私個人の瞑想修行は、まず座ることに慣れ、自分のペースで進めることから始まった。

何とかひとりで瞑想できるようになってくると、私の瞑想時間は徐々に長くなっていった。今では、日に少なくとも一度は必ず瞑想するようにしている。その中でも、早朝が私の好きな時間で、新聞を読んだり、電話連絡に応えたり、朝食を準備したりする前に、少なくとも20分間は静かに座ることにしている。こうすると、1日の良いスタートが切れるからだ。この朝の瞑想を省いてしまうときは、いつもその日1日をうまく乗り切れない、と感じてしまう。

あなたが、自分のことを瞑想する〝タイプ〟ではない、と思っていたり、今までにやってみたことはあるけれど、うまくいかなかった経験をお持ちだとしよう。それでも、適切な指導が得られれば、どんな人でも瞑想することは可能だ。

私は、師に教わったとおりの簡単な瞑想テクニックを、患者にも指導している。まず、座り心地のよい座布団に座り、背筋を伸ばして足を組む。もし、座布団に座るのが苦痛なら、椅子に座っても構わない。だがこのときも、背筋をしゃんと伸ばすのが肝心だ。姿勢が崩れると、すぐに眠ってしまうからだ。

準備が整ったら、あなたの霊的な源に対して頭を下げる。次に、吐く息と吸う息のリズムにだけ注意を向ける。というのは、瞑想で一番大切なのは、呼吸だからである。もしも、様々な考えが次々に浮かんできたら――それは、必ず浮かんでくるものなのだが――それに注意を向けたとしても、その考えに巻き込まれてしまわないように。そうなったと気づいた時点で、いつでも呼吸を意識することに戻ろう。これに慣れれば、ただ呼吸に集中するだけで、素晴らしい静寂の世界へと誘われるのである。

もう一つ大切なことは、なるべくその人の性格に合った瞑想法を選ぶことだ。私は、これまで常に、どんな類《たぐ》いの束縛に対しても反抗してきた。もし、誰かが私にある1つの方法で何かをやってみなさいと言うと、私は決まって反対のことをしでかしてしまうのだ。けれども、これが私の性格なのだから仕方がない。

というわけで、私の場合は規制が少なく、自由なやり方で瞑想する方法を選んだ。ただ、瞑想には数多くの優れた方法が存在する。

たとえば、禅、ヴィパサーナ、ヨーガ、超越瞑想などには、それぞれに長所がある。だからと言って、あまり多くの方法をごちゃまぜに取り込まないほうが無難かもしれない。要はどのようなやり方で、どこで瞑想するかが重要なのではなく、その修行によって得られた結果が大切なのだ。

最後に、瞑想するには、ゆっくりと始めることが肝心だ。

瞑想には、忠実な実行と根気が要求されるからだ。初めのうちは、日に5分も瞑想できればよいほうだ。その後、数週間から数ヶ月かけて、次第に20分間へと座る時間をのばしていく。しばらくの間は、このままでよいだろう。

そして、最終的には1時間までのばしてみよう。とにかく、粘り強く続けることだ。

初めのうちは、大きな変化が見られないとしても、焦る必要はまったくない。変化には時間がかかるものなのだ。

時折、あなたは一足飛びに大きな進歩を遂げることがあるかも知れない。あるいは、ほんの僅かしか先に進むことが出来ないと感じたり、後退しているのではないかとさえ思うようなこともあるだろう。でも、それがどんな形で現れたとしても、それは私たちが絶えず進歩していく際の過程なのだ、と覚えておこう。

もちろん、私も一夜にして静寂の境地を感得できたのでない。１９８５年に師にめぐり合うまでは、私は不定期に瞑想していた。決まった型もなかった。ベッドの上で大きな枕に座って瞑想したり、居間のソファーの上で蓮の葉のポーズ（ヨガの1ポーズ）をとりながら瞑想したりした。湯舟の中で、気持ちよいお湯に浸かりながら、チラチラと揺れる礼拝用の蝋燭を灯して瞑想したこともあったが、そのどれもうまくいかなかった！

それを聞いた師は、祭壇を設《しつら》えてみてはどうかと提案した。師は、私に何が欠けていたのかを、的確に指摘した。つまり、行き当たりばったりに瞑想したり、部屋から部屋へとうろつき回るよりも、私には落ち着くことの出来る場所が必要だったのだ。

その祭壇を用意するに当たって、師はほんのわずかばかりの指示を与えてくれただけだった。それは、祭壇は東向きに設える（道教では、東方は霊的な力が生まれる場所なのだ）。右には赤い蝋燭を（これは知識のシンボル）。左には白い蝋燭を（これは純粋性のシンボル）。それから、香を焚《た》く入れ物を置く。それ以外は、すべて私に任せる、と師は言った。

私は、これをすぐに実行に移すことにした。

自宅のガレージの中をひっくり返し、何年か前に私がヴェニスビーチのアパートで使っていた、埃《ほこり》にまみれた約60センチ幅の小さな木のテーブルを見つけた。このテーブルは使い慣れたもので、ある意味、私の一部でもある。これを祭壇とした。

私は、それを仕事部屋のコンピューターの向かい側の壁に据えた。

それから何日か経って、ある店で祭壇のテーブルを覆うのにピッタリの布地を見つけた。それは美しい東洋の女性が、青い着物を着ている柄だった。仕上げには、師のアイデアで、陶製の観音像を祭壇の上に置いた。観音さまは、慈悲深いおこころを持った女神（編集部註：男女どちらにも化身することができるともいわれる）なのだという。

その祭壇が、私の瞑想修行と人生の両方に大きな役割を果たしてくれることになろうとは！母が死に直面しているとき、祭壇は私の困難を耐える場所となった。こころが乱れ、イライラしているときは、許しのこころをわき立たせ、新たな気持ちでの出発を促してくれた。

今では毎日、祭壇の前で瞑想する。そうすると、私はいつも豊かな気持ちになって、その場を離れることができるのだ。


患者のマギーは、霊能者になるためや、瞑想や祭壇について学ぶために診療所へやって来たのではなかった。彼女は、ただ恋人との間に問題があった。

マギーがそれまで付き合ってきた男性は、例外なく支配的なタイプだった。恋人は彼女をコントロールしたがり、彼女も自らの力を恋人に明け渡してしまっていた。

ここ数年間を独り身で過ごしてきた彼女の前に、新しい恋人が現れた。だが、また再び同じ関係が繰り返されようとしていた。マギーは、過去に長いこと精神分析にかかっていた経験から、彼女が選択してしまう異性関係には、無意識の要因が潜んでいることをよく理解していた。それでも、自分ではどうすることもできずに悩んでいたのである。

マギーには、２通りの友人関係があった。１つのグループは、現在の恋人も含めて、保守的な考えを持った人々だった。彼らは〝霊的〟と考えられるものは、ことごとく馬鹿にしていた。もう1つは、彼女の瞑想仲間で、彼らは霊的な人生を探求することに専念していた。この後者のほうが、一緒にいて気持ちが安らぐ人たちだったが、恋人がその友人たちとの交友関係を激しく非難することがわかっていたので、表面的な関わりを続けるに留まっていた。

マギーを見ていると、彼女が大きな2つのエネルギーによって引き裂かれているのがわかった。彼女自身も生まれ変わりたいと願っていながら、その方法がわからずにいた。そして、そのためならどんなことでも試してみる気になっていた。

そこで、私はマギーに祭壇を祭るように勧めた。

「祭壇は、あなたが瞑想したり、ひとりになりたいときは、いつでも立ち寄ることの出来る港みたいなものなのよ。ここは、あなただけの聖域なの。それに、あなたが望まない限り、しきたりに則《のっと》って宗教的になる必要もないわ。大事なのは、その前に静かに座って、あなたの深いところからやって来る直観に耳を傾けることよ」と私は説明した。

マギーの顔がぱっと明るくなった。

「祭壇？　そういえば、瞑想している友達でそれを祭っている人がいたわ。本当のことを言うと、私も祭ってみたいと思ってたの。でも恋人に変に思われるのが怖くって。喧嘩したくなかったし」

「それなら、人目につかない場所を選ぶといいわ。普段は来客が行かないような場所ね。祭壇は、本来話の種にするようなものじゃないし、特別に招かれた人でもない限り、誰もその場所に通したりする必要はないわ」

私の場合、現在自宅のすべてに聖なる場所を創造しようと試みているところだ。私は海のすぐそばに住んでいるので、眠りに就くときには、波が海岸に砕け散る音が聞こえてくる。嵐のときは、激しい風雨がスライドガラスの窓をガタガタと鳴らし、ベッドの枠も揺さぶるほどだ。その自然の猛威は、私に敬虔な気持ちを思い起こさせてくれる。それに、私にとって、広がりのある風景を一望できるのはとても大切なことだ。

海の上の太陽の光は、出窓を通ってすべての部屋に差し込む。その光は、天井に吊り下げられたクリスタルに反射し、壁面に踊る虹を映し出す。家中に、陶製の花瓶一杯に活《い》けられた花々が飾られ、様々な形と大きさの鉢植え植物が、あらゆる所に置かれている。あなたがその気になれば、どんな空間でも聖なる場所に変身するのだ。

マギーの祭壇は、シンプルなものだった。

小さな木のベンチ。その上には球形の白い蝋燭と、一輪ざしのクリスタル製の花瓶。祭壇には様々な形があってよい。壇上に置くものは、霊的な喚起を促すものがよい。たとえば、像、絵画、香、果物、花、その他あなたにとって特別な意味を持つシンボルなどである。その前で、毎日瞑想するように、と私はマギーに伝えた。この訓練を日課として、彼女は自分の注意を内面に向けることを、何度も繰り返し学んでいった。

「頭の中で、たくさんの声が聞こえてくるんだけど、その声と直観の声とを区別するにはどうすればいいの?」
ある日、マギーがこんな質問をした。私は、モビアスでの仕事のことを思い出していた。あのとき、どんなふうに〝自分があらかじめ理論的に期待している答え〟と〝直観の声〟との違いを区別したかをだ。

これを言葉で説明するのは大変難しい。強《し》いて言うなら〝これは正しい! という感覚〟あるいは〝明晰さ〟〝率直性〟を感じるかどうかだろう。〝明確で偏見、矛盾を感じない〟ことも大切かもしれない。いずれにしてもストレートな感覚なので、ためらいがない。このことをマギーに説明しながら、私は粘り強く瞑想に励むようにとアドバイスした。

やがて、ゆっくりとではあったが、マギーの直観が浮かび上がり始めた。それからは、彼女が混乱するような事件があったり、恋人との関係が古いパターンに陥ったときなどは、祭壇の前に座って、親しい友人に相談するように直観の声に尋ねた。するとこの声は、真実を伝え返してくれるようになった。

マギーの次に診療所を訪ねて来たのは、ジェフだった。

彼は霊能力などにはまったく関心がなかったのに、最近になって、姉の心臓発作と親友の失職の2つを予知し、それが現実のものとなったという。その訳を知りたいというのが受診の理由だった。診療の過程で、彼が特定の宗派に属さない教会のメンバーで、そこで行なわれる日曜日の早朝礼拝の際、妻と2人で2時間の瞑想を始めて3ヶ月になる、ということがわかった。そして、ジェフのそれぞれの予知は、その瞑想の翌日に起こったことを突き止めた。

彼には、それまで瞑想経験がなかった。ということは、この瞑想が明らかに予知の引き金となっていた。しかし、あまりにも早く開花してしまったため、彼はこの変化に対するこころの準備ができていなかった。

「どうして僕が、あんな悲惨な予知を行なったんでしょうか？」

「死や事故などの悲劇的な出来事は、インパクトが強いために簡単にキャッチしやすいものなんです。これは、あなたが悪い人間だとか、頭がおかしいということではもちろんありません」

この説明は、ジェフの慰めとはならなかった。

「予知が全部いいことばかりなら、平気かも知れませんよ。でも、悲劇に直面する前にそれを知りたいとは思わない。特に、それが僕の愛する者たちに関係あることだとしたら……。いや、だめだ！　僕はやっぱり知りたくない。そんなのは辛すぎますよ。たとえ僕がその人たちに忠告してあげられたとしても、僕はそんな立場は御免こうむりたい」

私は、ジェフの決断を尊重するしかなかった。

彼は、瞑想するのを諦めた。すると、まもなく予知は止んだ。彼は自らの限界を知って、それに従ったのだ。私自身は、霊能者であることの恐怖をすでに克服していたし、その優位性も手にしていた。だからこそ、ジェフにもそのことを伝えたかったのに、彼はそれに興味を示さなかった。皆が皆、霊能力を追求したい訳ではないのだ。

瞑想と祭壇の他に、もう1つ〝見る準備〟の助けとなる方法がある。それは、〝儀式〟を利用することだ。儀式は、人生に活気と輝きと節目を与えてくれる。ところが、多くの人たちは儀式の本当の意味と大切さを忘れている。

儀式のない世界を想像していただきたい。結婚式も、祝祭の祝いも、誕生パーティーも、葬式さえない世界。これは、のっぺらぼうの日常だ。儀式はその出来事が「特別なもの」という認識を持たせ、人生や内面世界に彩《いろど》りを添える。それは同時に霊能力の開花を促す力でもあるのだ。

特に、儀式が執り行なわれる際の、音楽や色彩、香りなどの構成によって、その目的が神聖化される効果は大きい。

私が瞑想の師から教わって月2回行なっている儀式は、新月と満月にお供え物をするものだ。その日になると、私は菜食にし、祭壇の前で特別な祈りを捧げ、いつもより長く瞑想する。儀式の目的は、バランスと浄化を達成するためだ。

私は幼い少女のころから、月の神秘と力に魅せられてきた。ベッドに横たわったまま、長い時間、月を眺めたものだ。カーテンの隙間から美しい光が射し込んでくると、私はカーテンを開け、月を眺めた。月は、常に私の一部であり、私のリズムを形づくり、私を大空へと引き寄せてきた。

師は、新月はその炎が灯されたばかりのときで、満月はその力がピークに達したときであると言った。特に、霊的なエネルギーは、この新月と満月の日に大きくなるとのことだった。

そこで、私はこの特別な日にちなんで捧げ物をすることにしている。とはいえ、儀式なら何でもよいというわけではない。私の場合、自分の信念にそぐわない儀式には、たとえ誰が何と言おうと、どんなに効き目があると勧められても、絶対に参加しない。

黒髪と、暖かみのある茶色の瞳をもつハワイ出身の女性ジェニーは、かつては儀式と大変馴染み深かった。それというのも、彼女の父親は、ハワイのヒーラー、つまりカフナとして修行を積んだ人だったからだ。父親は、幼いジェニーにも秘儀を授けたのだが、ジェニーは成長するにつれ、外の世界に興味を示すようになっていき、17歳で高校を卒業すると、カウアイ島を離れ、モデルを目指してマンハッタンへと移り住んだ。

モデルエージェントと契約した彼女は、ほどなくトップモデルの仲間入りをはたし、それからの数年間は、エキゾチックな写真撮影のために世界中を旅してまわった。若くして、富、名声を手に入れたはずなのに、彼女は満たされない思いが募るばかりだった。そうかと言って、現在のキャリアを手放してしまう勇気もなかった。

私との何ヶ月かのセラピーの後も、ジェニーはまだ何をすべきかを決めかねていた。

彼女が行き詰っているのを見て、私は儀式を執り行なってはどうかと勧めてみた。すると、彼女は幼いころの父親との儀式を思い出し、興味を覚えたようだった。

私たちは、ジェニーの儀式がどうあるべきかについて話し合った。どこで？　誰と？　また、どのようなシンボルが意味を持つのか？

具体的に話を煮詰めていくうちに、彼女の儀式の青写真が出来上がっていった。

カウアイ島の北海岸で育った彼女は、海に対して特別な感情を抱いていたので、儀式は海辺で行なうことになった。それを聞いて、私にあるアイデアが閃いた。

「石を丸い輪の形に置く古代ケルトの儀式があるのよ」

何年か前に、私はこの形をある友人から教わって、自分でも試してみたことがあった。

「この儀式は、砂浜でできるの。石で丸い輪を作って、あなたに答えがやって来るまでその中に座っているのよ。ケルト神話では、石にはパワーが豊富に凝縮されているの。それに、石は母なる地球を象徴しているのよ。輪の形は、神秘を表すと信じられていて、この中に入ると、圧力鍋のような働きでエネルギーが圧縮されるんですって」

この儀式は、完全にジェニーのこころを捉えたようだった。

それから数日後の満月の朝、彼女はマリブビーチの北側のひと気のない砂丘まで車を走らせた。彼女はマリブの丘で集めた紫のセージ（香りの強いハーブの一種）を持ってきていた。セージはアメリカ原住民によって、〝純化〟と結びつけて考えられている。

ジェニーは浜辺から大きな石を何個か拾ってきて、丸い輪の形に置いてから、その中にセージを燃やすための陶製の容器を置いた。用意ができると、毛布を敷いて足を組み、目を閉じた。そして、導きがあるよう願った。

それから数時間のあいだ、ジェニーは瞑想しながら、波が寄せては返すのを見ていた。

しかし……答えはやって来なかった。

日没が近づいていた。答えは来ないのだと彼女は落胆し、あきらめかけた。それでも幼いころの父親との儀式のことを思い出し、もうしばらく瞑想を続けた。

夕日のなかで暖かい毛布にくるまると、彼女は軽い眠気の中を漂った。

ジェニーが一生懸命になるのをやめて、力を抜いたちょうどそのとき、答えはやってきた！

〝休養を取らねばならない〟

それが彼女が受け取った答えだった。以前にもその結論に達したことがあったが、瞑想で得た直観はそれを行動に移すようにと、伝えていた。

休養を取ることは、モデルの職を失う危険が伴ったが、彼女はこころからホッとした。ジェニーは所属事務所に3ヶ月の休暇を取ることを告げ、カウアイ島の家族とひと月あまりを過ごした。

カフナである父親と一緒に語らい合ううちに、彼女の中の〝何か〟に火がつき、ヒーリングについてもっと学びたい気持ちが生まれた。その里帰りのあいだに、彼女は大学へ進学することを決めた。それは、彼女のモデルとしての失職を意味していたが、もう迷わなかった。

私は今でもジェニーと連絡を取り合っている。現在、彼女はハワイ大学の心理学博士課程の学生となり、オアフ島に個人で診療所を開こうと計画中だ。自分の診療に民族の伝統と智慧を織り込もうとしているのだ。ジェニーは、自分の選択に満足している。砂浜での石の儀式が、運命を変える突破口となったのである。

儀式は、あなたが人生で本当に求めているものを探求するための手段であり、新しい方向を決め、あなたの直観を研ぎ澄ますための手段なのだ。儀式は、信念への強い確信となる。そして、信じることは、〝見るための準備〟をしているすべての人々にとって大切なことなのだ。

☆　☆

最後に、人生の導きは、〝祈り〟によっても得られるということをお伝えしたい。瞑想が魂に耳を傾けるための方法なら、祈りは魂に語りかけるための方法なのだ。

私がまだとても幼かったころ、眠りに就く前に2つのお祈りを母に暗証させられたものだ。それは、〝シーマ〟と呼ばれる古代へブライ語の祈りで、

『ああ、イスラエルの民よ聞け。主こそ我々の神であり、主御身のみが唯一の神である』

というものだ。

もう1つは、「私は今、眠りに就きます。私の魂が生きながらえますよう主に祈りを捧げます。夜じゅう、私が安らかでいられますように。私が明日の朝の光を目にすることができますように。パパとママとジュディ（私の子ども時代のあだ名）に永遠の祝福がありますように。アーメン」だった。暖かく、居心地のよい掛け布団の下で、私は毎晩間違えずにこの両方のお祈りを繰り返した。その祈りは、ユダヤ人としての私のルーツと家族とのつながりを思い出させてくれたが、

正直言って、それを唱えたのは、信心からというよりも習慣からといったほうが正しかったたし、ただ「よい子」でありたかっただけなのだ。

少女時代は、何か欲しいものがあったり、ひどい苦しみの中にいるときくらいにしか祈ることはなかった。しかも、その祈りに対して、求めたものが叶えられたり、苦しみが止んだりしてしまうと、祈りが聞き届けられたことなどすぐに忘れてしまうのだった。

高校在学中には、〝恋人が現れますように〟とか、〝人気者になりますように〟とか、〝テストで良い点を取れますように〟などと祈ったものだった。しかし、振り返ってみると、もしも私の祈りのすべてが叶えられていたとしたら、きっと今ごろは却って大きな困難に直面していたに違いない。叶えられない祈りというのも祝福の一つなのだ。

師と共に瞑想したり、学んだりすることによって、私は〝祈り〟を以前とは異なったふうに捉えるようになった。つまり、私が自分や他人のために祈るとき、――緊急事態を除いては――最善のみをお願いするようになったのだ。

以前なら、〝こうして欲しい〟とか〝ああしてもらいたい〟と具体的な要求をしたものだが、――とりわけ、大きな苦しみの中にいるときは、そうなりがちなのだが――大まかな祈り方をするようこころがけている。

私の信じる祈りの真のエレガンスとは、結果を期待せずとも、必要としていることは必ず与えられると自信をもつことだ。それは、あなたが思い描いていたとおりの形ではやって来ないかも知れないが、結果的にはずっとよい形でやって来ることだろう。
私の自宅の冷蔵庫には、セロテープで『アッシジの聖フランシスの祈り』が貼り付けてある。これは、毎朝、その日いちにちを始める前に唱えるものだ。

『主よ、私をあなたの平和の使徒としておつかわしください。
憎しみあるところに愛と許しを、
傷あるところに癒しを、
疑いあるところに希望を、
闇あるところに光を、
そして、悲しみあるところに喜びの種を蒔かせてください。

聖なる主よ、私が慰めを得るために慰め、
理解されるために理解し、
愛されるために愛することがありませんように。
なぜなら、私たちは与えることで受け取り、
許すことで許され、
死をもって永遠の生命を生きるからです』

多くは、キリスト教の礼拝で唱えられているこの簡潔な祈りは、精神世界の基本となる哲学を伝えている。あなたにもこの祈りがしっくりくるかも知れないし、他にあなたを惹きつけるような祈りに出会うかも知れない。一番大切なのは、〝そうなりたい〟〝そのようにしたい〟と思わせるような祈りを選ぶことだ。そして、祈りを捧げるときには、結果を強要せず、やって来た答えに対して開かれたこころ、空っぽのこころで臨むことだ。空っぽでなければ、それを満たすことが出来ないからだ。

先に、私は結果を期待せずに祈ると言ったが、指導は常に求めることにしている。たとえば、その件に介入して具体的な行動を起こしたほうがよいのか、静かにしているべきかを知るために。あるいは、誰かが苦しんでいるときに、最も意味のある言葉をその人に贈るため、私自身が内なる平和を見出せるように祈るのである。人は、謙虚になることで、私たちを支えてくださる偉大な力に呼びかけたいと願うようになるものだ。

最近のことだが、父の健康状態が悪化したことがあった。

父は関節炎がもとで、数ヶ月ものあいだ、ひどい腰の痛みに悩まされていた。生来我慢強い父は、何とかこの痛みに耐えていたが、遂に整形外科医に相談することにした。

医者は、父に手術を勧めたが、それは成功する保証もなく、回復には何ヶ月も要するような大掛かりなものだということだった。それでも、父は出来るだけ早いうちに、手術の予約を入れたがった。父の腰の痛みは、それほど深刻だったのだ。

私は、直感的にこの手術は成功しない、と感じていた。だが、どうやって父を説得すればよいのか、わからなかった。私がこの世で一番愛する人間が、健康を失うかもしれない危機にさらされていたのだ。

ある朝、自宅から砂浜を８００メートルばかり行った所にある、防波堤まで歩いていった。そこは、私が考え事をしたり、瞑想したり、青く広い海をこころいくまで眺めるお気に入りの場所だった。

そこに座って、まず第一に思い浮かんだのは、〝私には誰かの助けが必要だ〟ということだった。もちろん、私は医者の立場から、父に手術を思いとどまるように忠告していた。だが、父は頑ななまでにそれを聞き入れようとはしなかった。そう、私は医者である前に、父の娘でもあったからだ。そこで、私は祈った。そして、その場所に30分ほどじっとしていたが、答えはやって来なかった。だがそのころまでには気持ちも落ち着いたので、仕事を片付けるために自宅に戻った。

私は、午後中ずっと書き物に没頭した。やがて、５時になろうかというとき、電話がなった。それは、オハイオ州で整形外科医として働いている従兄妹のボビーからだった。彼からは、もう1年以上も音沙汰がなかった。

電話の用件は、翌週、ロサンゼルスで医療定期大会があるので、私と父と夕食を共にしたい、ということだった。〝そうだった。私にはボビーがいたのだ！〟。電話を受け取るその瞬間まで、従兄妹にアドバイスを求めることなど、思いつきもしなかった。私の祈りは驚くべき早さで聞き届けられたのだった。ボビーは腰の外科治療のエキスパートであり、父が信頼を置く数少ない人間のひとりだった。

ボビーは、手術の良い点と悪い点について父に説明したあと、手術以外にも他に取り得る道があると進言した。すると、あれほど私に抵抗していた父が、すんなりとボビーの忠告に従ったのだ。今では、父の腰痛は週末にゴルフを楽しめるまで回復した。やはり手術は必要なかったのである。

このように、祈りに対する答えは様々な形でタイムリーにやって来るものだ。それは、誰かの発した単純な言葉の中に見つかったり、夢の中だったり、映画や書物の中だったりする。人は神秘の源とつながることによって、最も必要とされるところにそのパワーが流れ込むように造られているのだ。

☆　☆

これまで述べてきたように、瞑想、祭壇、儀式、祈りによって、あるいはそれらが組み合わされ、人は霊的な生活を始めることができる。あなたのライフスタイルにあった方法を取り入れればいいだろう。決まりはないのだ。

しかし、ポイントとして次のことをお伝えしたい。

それは単純性とスピードだ。

霊的な生活を始めると、連鎖反応が起きるものだ。必要と思われる人物に突然出会ったり、ヒントを得たりする。霊的な世界がそれらを準備してくれるのだ。そうしたお膳立てを拒否したり、躊躇してはいけない。

そしてもう一つのポイントは、常に冷静な目を持つということだ。

霊を語る人物のペテンに簡単に引っかかってしまう人が多いのは、冷静な目で、あるいは批判的な目で物事を見ないことが原因だと思う。

もちろん、霊能力を持った正しい人物も多い。すべてがペテンというわけではない。

だから焦る必要などないのだ。スピードは必要だが、焦ることはないのだ。

焦らず、そして熱心に。チベットの偉大な聖ミラレパの教えにはこうある。

『ゆっくり急げ』と。

地にしっかりと足を着けよう。

自分がどれほどすごい霊能力を持っているかを吹聴するような霊能者にはくれぐれも用心していただきたい。

人は霊的世界に惹きつけられるものだ。なぜならそれが神秘的だからだ。

神秘的というのは、それだけ奥が深いということ。学ぶべきものが多いということだ。

そうしたものを学ぶために、瞑想や祭壇、儀式、祈りといったものがあるのだ。それらは、霊的真理をかいま見るための〝窓〟なのだ。

第8章　夢の錬金術作用

夢を見ているとき、人は天才である。

黒沢　明

私は、いくつもの顔を持っている。あるときは精神科医、またあるときは恋人、友人、娘など。でも、私という存在の〝核〟となっているのは、〝夢見る者〟だ。夢は私の羅針盤であり、真理であると同時に、私を神へと導いてくれる。そして、夢は親しみを込めて、〝本当の私〟に呼びかける。

母が私を妊娠して5ヶ月目のとき、緊急に施術が必要になった。母の子宮外に非常に大きな筋腫があって、胎児だった私を圧迫し、私の命が危険な状態に陥ったからだ。手術には流産の危険も伴ったが、私を救うには手術しかなかった。母は、全身麻酔の手術を受けた。

私が退行催眠を受けていたとき、子宮内でのこのときの体験を思い出した。母の皮膚を切り裂く、金属と金属がぶつかり合う音が、実に鮮明に聞こえた。自分が生きていると初めて気づいたのは、このときだった。私は暗い子宮内で、時期尚早に目覚めさせられてしまったのだ。私のまわりを塩分を含んだ生暖かい液体が、ヒュウと通り過ぎていった。私はこの場所から逃げ出し、元いた場所に帰ろうともがいた。だが、そこがどこだったか思い出すことができなかった。耳をつんざくような音は、ますます大きくなっていった。パニックに陥った私は、夢の世界へと誘われていった。

【私は、緑の緩やかな丘陵に囲まれた、小さな板葺きの農家の前に立っていた。金髪を三つ編みにした30代の女性が、私に気持ちよい挨拶をしてくれた。その白いオーガンジー（薄布）のエプロン、柔らかな声。以前どこかで彼女に会ったことがあるのは確かだった。彼女の夫と2人の10代の息子たちに対しても、同じように感じていた。きっと、この人たちこそ私の本当の家族に違いなかった。大変な目に遭っている私を慰めようとでもするかのように、この人たちは私と長い間談笑してくれた】

この愛すべき家族は、胎児期の私の夢の中で、生まれ出るそのときまで付き添っていてくれた。私は、どうしても彼らと離れたくなかったのに、彼らは新しい家族のもとに留まるべきだ、と忠告してくれた。

子宮内の胎児にも、記憶、夢、レム睡眠があることは科学的に証明されている。また、ある研究によれば、胎児は原始的な形状のときにも記憶可能であり、感覚器官も活動しているとされている。脳の活動は、妊娠28週目から32週目のあいだに始まる。記憶を辿ることに関連するホルモンは、受胎後49日目から作用し、中心となる神経組織の最初の細胞が現れるのは、受胎後22日目からだと考えられている。さらに、6週目には内耳が発達し始め、8週目には外耳が形成される。この研究から、妊娠3ヶ月目から誕生までの胎児は、体内での最初期の体験を記憶する器官を備えている。つまり、胎児期の記憶を後に再生することができる、といわれている。

おそらく、研究者たちは、私が子宮内で夢を見たことについては認めるだろうが、私が他の領域から訪問を受けたことは否定するだろう。ここでもやはり、信じるか信じないかの問題に行き着くのだ。というわけで、ここでお伝えできるのは、私が霊的に真実だと知っていることだけなのだ。それが、たとえどんなに昔の夢でも、それを辿っていくことで、人生で忘れ去られた記憶を回復することが可能だ。

人は、一晩に約90分の夢を見ている。これを生涯に換算してみると、一生のあいだに5年も夢を見ることに費やしていることになる。夢には過去、現在、未来についてだけでなく、他の領域の莫大な情報が含まれている。私たちは、夢見《ゆめみ》の状態でこの情報と接することができるのだ。

おそらく、私たちには過去の記憶をゆっくりと思い出そうとする、ある種の機能が備わっているに違いない。ゆっくり思い出すことが大切で、制御なしで思い出してしまったら、人はパニックに陥るだろう。

ところで私は、恐怖で汗びっしょりになって目覚めるような夢も、大切なヒントとなってくれると考えている。この類いの夢は、注意を要する精神の領域を表しているからだ。このような夢には、激しい感情が伴うが、自分自身が最も恐れている核心を明らかにしてくれる。つまり、危険を未然に防ぐ働きをしてくれるのだ。

私の場合、長い間恋人不在で、傷つきやすくなっていた時期にそのような夢を見た。それは、ギャングの一味らしい2人組みの男女が、私の家に押し入ってきたというストーリーだった。私は殺されると思ったが、2人は私を痛めつける代わりに、嘲《あざけ》るような調子でこう言ったのである。

「ジュディス。おまえはもう二度と男性を愛したり、愛されたりすることはないだろうよ」

私は、涙に濡れながら夢から覚めた。この夢は孤独に対する恐怖が、そのとき再び私を飲み込もうとしていたことを知らせるための合図で、その夢を文字通り受け取る必要がないことを、精神科医としての経験から十分承知していた。つまり、その夢は私のこころの中に潜む孤独に対する恐怖を再認識させ、それが私のウィークポイントであると、知らせてくれたのである。

レオナルド・ダ・ヴィンチもこう問いかけている。

『なぜ、目は覚醒時のイマジネーションよりも、夢の中でのほうがはっきりと物を見ることができるのだろうか?』と。

夢は、それほど大きな力を持っているのだ。夢には、顕在意識の妨害がないため、物事の本質をダイレクトに語ってくれるのである。

私は長年、夢を収集し続けてきた。自分自身の何百という夢のほかに、患者や知人の膨大な数の夢を記録してきた。そこから得た回答は、〝夢の構成にはまったく無駄がない〟ということだ。私は、ある人物と丸1時間かけて話すよりも、たった1つの夢からその人物の本質的手がかりを得ることがある。

あるとき、私が会計士の男性と初めてデートしたときのことだ。彼は見るからに保守的で堅苦しく、私たち2人がゴールインするような見込みはまったくなさそうだった。私は何か会話をする必要に迫られ、苦し紛れに自分が沢山の夢の研究をしていることを話した。すると、彼の顔がパッと明るく輝いて、

「僕が何度も繰り返し見る夢があるんだけど、その話をしてもいいかな?」と話に乗ってきた。私は、そのときもまだ〝どうせ夢の内容も堅苦しいに決まってるわ〟と決め付けていた。

その夢の中身は、彼のアパートに大水が押し寄せ、慌てふためくのだが、スキューバダイビングの装備を身に着けた彼は、その格好で水中を進むことを覚え、それがこの上ないほど心地良かった、という内容だった。その夢は、思いがけない状況にも対応できる彼の柔軟性を表していた。私は彼をもっとよく知りたいという好奇心に駆られた。残念ながら、私たちは恋愛関係にまで進展することはなかったが、彼は信頼の置ける友人となった。

診療を通じて、私は夢を大きく2つのカテゴリー〈心理的な夢〉と〈霊的な夢〉に分類するようになった。私の経験によれば、ほとんどが前者にあたり、霊的な夢は極めて少ない。霊的な夢が心理的な夢と異なっているのは、それが奇妙なほど夢見ている本人とは無関係の、歯切れ良い

鮮明さがある点だ。つまり、映画を見ているように、ずっと傍観者であるような気がするのだ。

とは言え、実際には異なったタイプの夢がオーバーラップして、その要素が織り交ぜられているため、夢をはっきりと分類するのはやはり大変に難しい作業だが、これから皆さんに、私が分類した特長的な夢をご紹介していきたいと思う。

§§ 心理的な夢 §§

ビジネスマンのジェームズは、霊的な夢を無性に見たがっていた。毎夜、翌日の仕事の段取りをし、未返事の電話を片付けた後で、自分のベッド脇に夢を書き留めるためのノートを置いてから眠りに就くほどだった。正真正銘の仕事中毒の彼は、仕事に課していたのとまったく同じ徹底した態度で、夢見にもアプローチしようとしていたのである。だが、彼は毎朝、落胆しながら目覚めるのだった。しかも、期待した夢とは別に、月に1度の割合で、霊的とは言い難いある夢を繰り返し見るのだった。

舞台は、いつも彼が子ども時代に過ごした避暑用の家近くの砂浜だ。彼が素足でその砂浜を歩いていると、突如として天候が変わり、激しい嵐がやって来る。辺りの景色は、金色から不気味な灰色へと変わる。波はどんどん高くなり、一陣の風が海面を激しく打つ。彼は風に逆らって逃げようとするが、波は彼を呑み込もうとして、今にも溺れそうになる。毎回、この瞬間に夢は終わり、彼はパニックと疲労の中で目覚めるのがお決まりだった。

ジェームズは、この夢を子どものころから繰り返し見てきた。だが最近では、さらに頻繁にこの夢を見るようになっていた。彼は、過去に1度もこの夢の意味を考えたことはなかった。そして、

「結局は……。これは夢に過ぎないんですからね。これが現実のことでなくて良かったですよ」

と結論づけるのだった。

強靭な精神力を持つジェームズは、常に真剣に仕事に取り組み、今という瞬間だけに生きているような人間で、精神療法や夢分析とはまったく無縁だった。その彼が私の診療所へやって来たのは、ビジネスの決断の助けになるかも知れないと、霊能力を獲得する方法を学びたかったからだ。

ジェームズのような夢には、いつも驚かされる。特に、本人がその夢の重要性にまったく気づいていない場合には。彼は、自分でも意識しない内に、夢の中でその恐怖をあらわにしていたのである。このような恐怖には、必ず意味があるものだ。それに向き合うのは、精神療法において最もエキサイティングなことの1つであり、本人の人生の重大な転換期を意味している。

ジェームズは、霊能力というものは、訓練次第で簡単に習得できると期待していたが、霊能者になるためには、しばしば内省することが要求される。すぐに対処しなければならない差し迫った感情的問題があった場合には、そちらを解決するほうが先決だ。この夢は、長い間ジェームズ

を圧倒し続けてきた根本原因に立ち向かうようにサインを送っていたのである。

「さあ、あなたがずっと見続けてきたというその夢と向き合ってみましょう。それが何を意味するのかを見極めないと」と私は言った。

「僕は、本当は夢なんか信じてませんよ。大体、夢にそんな深い意味があるんでしょうかね？」

ジェームズは疑り深かった。

「ええ。たいていの場合、夢というものはあなたにメッセージを送っているものなんです。こころに傷を残す記憶があるのに、顕在意識がそれを無理やり覆い隠そうとしている場合、それが夢として浮上しようとするのです。ひとたび、この記憶に呼びかければ、抑えられていたマイナスのエネルギーは解放されます。もちろんそうなれば、あなたはこれまでよりずっと気分が良くなるでしょう。そうなって初めて、霊能力を迎え入れる余裕も出てきます」

ジェームズは、ゆっくりと私の言葉を吸収しているように見えた。彼は、自分の夢をちょっと覗いてみるのも悪くない、と思ったようだ。

「あの、どういうふうに向き合えばいいんですか？」と彼は聞いた。

「まず始めに、私の前でその夢を追体験してもらいたいんです。どんな細かいことも私に報告してください。そして、私を一緒にそこへ連れて行ってください。夢の中でのあなたの感情によく注意していてくださいね」

「さあ、リラックスして。座り心地の良い姿勢を探してください。それから、目を閉じて。ゆっくりと何回か深呼吸して」

そう言ってから、私は少し間を置いた。ジェームズにとって、これはまったく新しい体験だったので、彼が安心して自分のペースで夢の中に入れるよう、気持ちを整えてもらうことにしたのだ。

通常の意識状態から、夢見の状態に移行する際は、2つの世界を同時に意識し続けるのがコツだ。つまり、夢の中に完全に浸りながら、同時に何がそこで起こっているかを客観的に目撃し、報告するのである。初めは戸惑いを感じるが、練習を積むうちに、うまく2つの世界に跨《またが》る要領をつかむことができる。

ジェームズはたちまち、嵐の真っ只中の砂浜へと引き戻されていった。それは、まるで夢のほうで彼をずっと待ち構えていたかのようだった。今や、彼は真っ向から恐怖に向き合わざるを得なかった。とは言え、もちろんこれがいつも正しいやり方だとは限らない。まだその機が熟していないときに、このような恐怖に対峙すると、あまりのショックからこころを閉ざしてしまう例もある。しかし、私はジェームズには準備ができている、と直観していた。彼は、自分の感じているることを描写し始めた。

「からだが重くて。逃げ出したいんですが、できないんです。ほとんど身動きが取れない」

「その調子ですよ。あなたは、もうそこまで来ています。大変なのはわかりますが、何とかそのまま夢の中に留まっていてくださいね。あなたはもう波に連れ去られることはありませんから。

さあ、何が起こるか見てみましょう」と、私は彼を励ました。

「僕のまわりを取り囲むようにして波が砕け散っている。怖い！　流れが僕を海中に引きずり込もうとしている！　水が口と鼻に入ってきた。むせるよ！」

ジェームズの声がにわかに小さくなり、幼子のような口調になった。それこそ、私がまさしく待ち望んでいた瞬間だった！

「ジェームズ。あなたは今、何歳くらいだと思う？」と私は尋ねた。

「変だな。８歳くらいか、それよりもっと若いかも知れない」

「いいわ。場面を変えてみましょう。海のイメージは終わりにして、あなたが8歳だったころのことを思い出してみてください。そのとき、何が起こったのかしら？　何か見える？」

何分かが経過して、先ほどと同じ子どもの声が返ってきた。

「ああ、神さま！　僕はもう20年以上もこのことを忘れていた。それは父さんが酒びたりだったときのことだ。父さんは何時間も僕のことを部屋に閉じ込めたんだ。僕はずっと泣き続けたけど、誰もやって来なかった」

「お母さんはどこにいたの？　そこにいなかったの？」

ジェームズは、深いため息をついた。

「よくわからないよ。父さんが怒ると、母さんはいつもいなくなっちゃうんだ。多分、母さんも父さんのことが凄く怖かったんだと思う」

「お父さんは、いつもあなたに体罰を与えたのかしら？」

「それって、父さんに僕の骨をへし折られたりしたってこと？　ううん、そうじゃないよ。だけど、父さんは、よく僕をねじ伏せて、尻や足首を太い革のベルトで打ったんだ。ほんとに痛かったよ。ときどき、何日もその痣《あざ》が残ってた。だけど、それ以上のことはなかったんだ。それに父さんがこんなふうだったのも2年くらいだった。僕が10歳になったとき、父さんは永久に酒を止めたんだ。そのあとは、すべてが変わっちゃった。父さんはもう僕を打たなくなった。また昔のようにいい人になったんだ」

これで、ジェームズが成人してからの行動の大部分が解明できた。強度の仕事中毒は、この記憶から逃れるための隠れ蓑だったのだ。ほとんど休暇も取らず、自らを仕事に駆り立て、無感覚になることで過去の記憶から逃れていたのである。彼を飲み込もうとしていたあの大波は、父親に対して感じていた身の恐怖と無力さを象徴していたのだ。

彼は、自分の受けた虐待の状況をはっきりと認識したことと、そのときの感情と向き合うことで癒された。もちろん、このすべての感情を整理するには、さらに何ヶ月も要した。というのは、子ども時代に受けた虐待経験の記憶は、非常に破壊的で、それを自分の中で咀嚼《そしゃく》するには時間が必要だからだ。そして、それが消化できたとき、ジェームズが繰り返し見てきた夢は止んだ。それから、ほどなくして、彼は待ち望んでいた霊的な夢を遂に見ることができたのである。

心理的な夢に私が魅了されるのは、その内容の多くが、私たちすべてに共通しているからだ。

私たちの外観がどのようであろうと、内面の葛藤や求めているものは、基本的に似通っている。たとえば、人生で何かが達成された時点で、子どもを産む夢を見るとか、あるいは、誰かが出産する夢を見る、などがそうだ。

それから、ほとんどの人が見たことがあると思うが、テストを受けるのに、筆記用具を持ってきていないとか、遅刻してしまって教室を締め出された、というのはどうだろうか？　あるいは、ぞっとするほど恐ろしい追っ手に追いかけられているとか、車で急坂を下っているとき、突如としてブレーキが利かないことに気づくが、どうすることもできない、とか。

私も最近、筆が完全に行き詰ってしまったと悩んでいたとき、心理的〝不安夢〟を見た。

【私は家電量販店の中にいた。そして、新しいコンピューターを購入するために、自分の古いコンピューターを床の上に置いた。この中には、私が今までに書いたもののデーターがすべて詰まっていた。私が新しいコンピューターに夢中になっているその僅かな隙に、浮浪者が古いコンピューターを抱えて、物凄い勢いで店を出て行った。〝何年もかかった私の労作が、すべて無駄になってしまう！〟私の心臓は止まりそうだった。急いでその男を追いかけるが、その男を見失ってしまった】

この夢は、私がもう二度と書くことが出来ないかも知れない、また、書いたものがすべて失われてしまうかも知れない、という根深い不安を表していた。が、これはもちろん、私のコンピューターが実際に盗まれるだろう、ということではない。それは、むしろ自分の創造性をもっと信頼なさい、自信のなさに飲み込まれてしまわないようになさい、というメッセージだったのだ。それと、私は馴染みが薄いものに対しては、それがたとえよいものであっても尻込みするきらいがある。だが、夢の中で私が新しいコンピューターに興味を示していたのは、〝新しいやり方、変化〟も大切ですよ、ということを象徴していたのである。

心理的な夢の素晴らしさは、人間の個人的特徴を認識するヒントとなり、隠れた感情の覆いを取り払うための理想的な舞台となる点だ。私たちの無意識のパターンは完璧である。たとえ、顕在意識がその夢の内容を認めたがらなかったとしても、無意識は大らかな忍耐を有して、その本質が明かされるのを待っている。そして、家の中を掃除するように、あなたのこころの部屋がスッキリすると、霊的直観が育まれる余地が生まれてくるのである。

§§ 指導夢 §§

【炎が私の背後に迫っていた。そこは、肥沃《ひよく》な原野だった。炎がその地を舐《な》め尽くそうとしていた。私は懸命に走って逃げた。だが熱気が背中に迫り、鼻を突く煙の臭いは吐き気を催し、私はほとんど息をすることさえできなかった。そのとき、威厳のある声――それは、男でも女でもなかった――が私に囁いた。「逃げるのをお止《や》めなさい。あなたがそれに向き合えば、炎に焼かれることはないのです」。私はへとへとに疲れ切っていたので、この声の言うとおりにした。振り向いて、その炎を真っ直ぐに見つめた途端、それは消えてしまった】

この夢は、私がクリニックの共同経営者に対して激しい怒りを抱いていた時期に見たものだ。かつては仲が良かったのに、いざ共同経営を始めると、お互いの考え方が衝突するようになってしまったのだった。2人の間の緊張は日ごとに高まっていったが、お互いそれには触れないようにしていた。でも私自身は、彼と面と向かっているときに爆発してしまわないよう、自分をコントロールするために、すべての力をそこに使い果たしてしまっていた。

その夢のメッセージは驚くほど直接的だった。私が自分の怒りにきちんと向き合わない限り、肥沃な原野（これは、私たちのかつての友情とクリニックの成功を象徴していた）、は破壊されるかも知れなかった。だが、実際は、2人ともプライドがあったし、それぞれに自分のほうが正しいと思い込んでいた。

夢の中の私は、その怒りを封じ込めてしまわないと、それに呑み尽くされてしまうのではないかと思っている。そこで耳にした客観的な声は、それが霊的な夢であることを知らせていた。私は自分が正しいと思うと、長いことそれに固執しがちだ。この夢は、私の態度の愚かさを指摘し、もしも私の怒りを爆発させてしまったら、大変な事態になることを伝えていた。

　私は2人のこの息苦しい状況をすぐにも解決したいがために、その朝、彼のポケットベルに緊急コールを入れようとしていた。でも、何かが私を押しとどめた。そして、私はその直観に従い、瞑想仲間のベレニスに電話をかけた。

「ジュディス。あなたが電話してくるなんて、ほんとに驚きだわ！」と、ベレニスは受話器の向こうでカラカラと笑った。

「夕べ、あなたの夢を見たのよ。私たち、先生と一緒にどこかの部屋に座ってたの。だけど、先生はあなたには一言も話しかけないで、私のほうを見てこう言ったの。『今、何も行動を起こすべきでない、とジュディスにお伝えなさい。彼女はある程度時間をかけて、すべてが彼女の中で咀嚼できるまで待たねばなりません』ってね。私、先生が何のこと言ってるのかサッパリ見当がつかなかったの。でも、今それがどういうことだったのか合点がいったわ」

　ベレニスの夢には本当に呆然とさせられた。私が抱えていたジレンマに対するこれほど明快な答えが、私ではなく、ベレニスの夢の中で与えられたのだ！　私は2〜3日頭を冷やすことにした。その間に、幾つかの解決策を思いつくと、私は彼を昼食に誘った。

「私、ずっと頑固な態度を取り続けてたわね」と私は切り出した。

「私たち、新しくやり直しましょうよ」すると、このときまで緊張していた彼の顔に柔らかさが戻った。

「そうだね。君とはうまくやっていけないんじゃないかって思ってたけど、君のほうでもそう思っていただろうね。じゃ、今ここで、すべてについて腹を割って話し合ってみよう」

このようにして、夢は指導を与えてくれるのである。答えは直接あなたの夢の中に現れるかも知れないし、私の場合のように、友人の夢の中かも知れない。

たとえば、あなたがターニングポイントに差しかかっているとき、あるいは、仕事を変わりたいとか、引っ越しや、新しく恋人関係を始めるときなどにも、夢はあなたに賢明なアドバイスを与えてくれることをお忘れなく。

私は気がかりなことがあるとき、それについて霊的な指示を得たい場合には、1枚の紙にその問題に関するお願い事を書いて、ベッド脇のテーブルに置いておくことにしている。そして、朝を迎えると、夢ノートに夢の内容を記録し、その中に答えがないかどうかを探す。たとえ、それがお願い事を記した翌朝までにやって来なかったとしても、私はそれが得られるまで根気強く毎晩お願いを繰り返すのである。

エレンは、成功を収めた児童心理学者で、最近50歳を迎えたばかりだった。彼女は個人で診療所を開業して20年以上になるのだが、仕事に対する不満を募らせていた。それでも、エレンは人生で変化を望むにはあまりにも歳をとり過ぎているのではないかと考え、落ち込んでいた。聞けば、彼女は夢をよく見るほうだと言う。そこで、私は夢にアドバイスを求めてみてはどうか、と勧めてみた。

その晩から、彼女は1つのシンプルな願い事を書きつけてから、眠りに就くようにした。願い事の中身は〝自分の仕事に意義ある方向を見出せるよう、力をお貸しください〟だった。

それからの数週間、私たちはエレンの夢を詳しく調べた。彼女自身は何も答えを受け取っていないと思っていたのだが、実は確実に奇妙なパターンが展開され始めていたのである。つまり、聞き慣れないフレーズが夢の中に出てくるようになったのだ。それは、〝ピンク色のブロントザウルス〟とか、〝ひっくり返った空〟とか、〝煌《きらめ》く一連の紫色の真珠〟といった風変わりな表現だった。そして、私はこれらのフレーズを繰り返し耳にするうち、ピンときた。

「出てきたフレーズは、リストにして書きとめて置いてね。そして、そのリストを見ながら、何を思いつくか一緒に考えてみましょうよ」と私は言った。その結果、5ページにもなるこれらの表現が、まるでドクター・スース（米国の著名な児童文学者）の絵本から抜け出して来たかのように聞こえることがわかったのだ。

「これって、あなたにとって何か重要な意味があるのかしら？」と私は聞いた。

「私が昔からいつも聞きなれない言葉に惹きつけられてきたことを除けば、何もないわ。実は私、10代のころ、自分の楽しみのために、こういう言葉をよく集めてたの。冷蔵庫のドアに貼り付けてね」

私はそのとき突然理解した。夢は、エレンに〝書くこと〟を示唆していたのだ。

それを聞いた彼女の顔は、生き生きとしてきた。その日の午後、自宅に戻ると、彼女は早速ペンを取った。すると、夢の中に出てきたような突拍子もない型破りな表現が、原稿用紙の上に洪水のように溢れ始めたのだ。彼女の手はそれに追いつかないほどだった。その物語は、後にとても愉快な児童書となった。エレンの指導夢は、彼女の才能を指摘していたのだ。書くことによって若さを取り戻した彼女は、結果的に、臨床医としてもまた新たな意欲を取り戻すことになった。

指導夢の分析を行なうときには、特別に直観的な手がかりがいくつか存在する。それは、たった1語の言葉かも知れないし、1文節かも知れない。そういう些細《ささい》な断片を、徹底的に夢の中に探してみてほしい。

それから、その断片があなたの記した願い事とどのような関わりがあるかを調べるために、書き留めて置くのだ。あなたのからだの反応には常に注意を向けて。たとえば、突然鳥肌が立つ。寒気がする。うなじの毛が逆立つ。顔がほてる。汗が噴き出してくる。心臓の鼓動や呼吸が速くなる、などだ。これらはすべて、あなたが正しい線を行っていることを伝えている。それ以外にも、〝ああ、そういうことだったのか!〟といった気持ちを体験するだろう。しかし、どれほどメッセージが主張しようと、あなたのほうでそれに耳を傾けなければどうしようもないのは、言うまでもない。

指導夢は、しばしば警告を発してくれることもある。あなたが霊能者でなくとも、必要なときには必ずあなたを危険から守るために、内なるアラームシステムが作動するようになっている。

あれは何年か前、私の友人のリサが、仲間たち数人とバンでニューメキシコ州のタオからカリフォルニアへ戻ってくる道中での出来事だった。12時間にもおよぶ長旅で疲れきっていた彼らは、夜中になってようやく北アリゾナ砂漠のどこかに車を止めてキャンプを張った。彼らはそれぞれに砂の上に広げた寝袋の中にもぐり込んだ。

リサは眠りに落ちると、たちまち夢の世界を訪れていた。すると、曲がりくねった砂漠道を、2つのヘッドライトがリサのほうへ向かって来るのが見えた。ジープが彼女のすぐ横に止まると、中から政府のユニフォームを着た自然監視員が降りてきた。彼は「あなたとお友達はバンの中に戻ったほうがいい。大きな砂嵐が間もなくこの付近にやって来るはずだ。外は危ない」と深刻な調子でそう言った。リサがその忠告に感謝すると、監視員はジープへ戻って、その場を立ち去った。

リサが夢から覚めてみると、満月の夜空はクリスタルのように澄み渡り、嵐が近づいてくるような兆候はどこにもなかった。だが、彼女は普段から夢に強い関心を抱いていたので、すぐさま他の仲間たちを起こし、彼らがブツブツ言うのもお構いなしに、バンの中へ押し込んだ。すると、2~3時間もしない内に、バンが風速80キロもの猛風で、前後に揺れ始めたのだった！　外は宙を舞う砂埃《すなぼこり》で何も見えなくなってしまった。砂嵐は、そうして夜明けまで荒れ狂った。もちろんリサの夢のおかげで、彼らは全員無事だった。

オーストラリアのアボリジニーは、5千年以上も前から夢を神聖なものとして考えてきた。彼らの人生の見方には、２つの次元がある。

１つは日常の現実世界と、もう１つは、霊界としての夢の世界だ。部族の者が病気になると、選ばれた者がその夢を通じてヒーリングのメッセージを送る。

アメリカ原住民もまた、夢に大きな敬意を払っている。彼らの〝ヴィジョン・クエスト〟の儀式は、ひとりないしはグループで自然の中を旅するのだが、それは夢から天啓を得るための呼びかけである。この旅は同時に、少年が思春期から成人へと進むための通過儀礼でもある。

〝ヴィジョン・クエスト〟は、計画的に厳しく執り行なわれるよう定められ、しばしば幾日も断食したり、無防備なままで地面の上で眠らねばならなかったり、ときには暴風雨や凍てつくような天候の中でも裸で過ごさねばならない。これは、自然の大いなる力に身をさらすことで、肉体を急速に消耗させ、こころを明敏な状態に持っていくことが狙いだ。そうして、ヴィジョンを見た者のみ、そのクエスト（探求）が成功したと見なされるのだ。

私たちの文化では、夢見はすでに失われた文化となってしまった。だが、私自身は、夢に注意するよう長年訓練を重ねてきた。もちろん、あなたにだってそれは可能だ。

§§ 予知夢 §§

予知夢は、未来に関する特別な情報を与えてくれる。この夢の特徴は、驚くほど鮮明だという点にある。ときには、あなたとはまったく無関係の人たちに関する未来情報のこともあるが、たいていの場合、あなたが愛する人たちに関することが多い。その中でも、母と子については特にそうだ。

1989年秋、私はその例を目撃する機会に恵まれた。そのころ、私は頸椎間板の突出による深刻な首の痛みに悩まされていたのだが、それを聞いたモビアスのステファンが、フロリダ・キーのマリンパークで試験的に行なわれている、イルカと一緒に泳ぐというプログラムが、様々な病気に悩む人たちに高い効果をあげている、と教えてくれた。そこで、10月下旬、私はイルカ研究センターの1週間のワークショップに参加することにした。

そのプログラムの参加者の中に、オクラホマ州からやって来たという歯科衛生士のキャシーの姿があった。彼女は、3歳になるダウン症の息子、ディーン・ポールを伴っていた。心理学者のデイビッド・ナサンソンが、精神発達の遅れや情緒障害などのハンディキャップを背負った子どもたちに、イルカの助けを借りて言葉を学ばせるワークショップを開いている、と耳にしたのが参加の理由だったそうだ。

ある日、息子を連れたキャシーと昼食を共にする機会があり、そのとき彼女はディーン・ポールを妊娠するひと月前に見た夢の話をしてくれた。夢の中で、彼女がカリブ海の浜辺にたたずんでいると、青灰色の9頭のイルカの群れが、巨大な2本の石柱のあいだを泳いで、彼女のすぐそばまで泳いできたという。そして、大きな雌の1頭が、赤ちゃんイルカを彼女に差し出しながらこう言った。

「どうか、この子を私の代わりに面倒を見てちょうだいね」と。キャシーがその小さなイルカを腕の中に抱きかかえるのを見届けると、群れはキラキラと光るトルコ石色の水の中へと消えていった。

この夢は実に鮮明だった。だが、なぜそんな夢を見たのかまったく理解できなかった。すでに2人の幼い娘たちに恵まれていた彼女には、もうそれ以上子作りの計画はなかったからだ。

ところが、そのひと月後、避妊していたというのに、キャシーは期せずして3人目の子どもを身ごもった。生まれてきた子ディーン・ポールは、生まれて3年を経てもひと言も言葉を発することができなかった。

そんなある日、動物園に子どもたちを連れて行ったキャシーは、イルカのプールの前で、それまで無表情だったディーン・ポールが、初めて生き生きとした表情を見せたことに驚いたという。このとき、彼女はあの夢のイルカのことを思い出した。イルカ研究センターの話を聞いたのは、その後まもなくのことだったという。

イルカと触れ合うワークショップに参加した私は、その癒しの力に感服した。イルカたちから豊かに流れ出すその喜びと優しさが私の首に与えた癒しの効果は絶大だった。1週間の終わりには、首を保護していたコルセットも、もはや不要となっていたほどだった。

大きなオレンジ色の救命具を腰に巻きつけたディーン・ポールは、ビーと名付けられた雌イルカといつもプールの中で戯《たわむ》れながら学んでいた。ビーは、大きな絵コンテを忍耐強く口にくわえていた。それと並行して、主催者のデイビッド・ナサンソンが、大きな声で言葉を発音すると、ディーン・ポールがそれを繰り返すのだった。

そんなある晩、不思議な出来事が起こった。ディーン・ポールとキャシーは、イルカ研究センターの近くのアパートの一室を借りていたのだが、ディーン・ポールが急に目を覚まし、大声で「僕のビーが！　僕のビーが！」と叫び始めた。しまいには、玄関のドアの前にしゃがみ込んで、夜明けになるまでそうして叫び続けていたという。キャシー親子がビーの死を知ったのは、その翌朝だった。

夢の中で、ディーン・ポールはビーの死を霊的に受け取ったのだ。ディーン・ポールは、その後しばらく鬱状態に陥ったが、彼の勉強はビーの死後も続けられた。他のイルカたちとの絆は、ビーほど強いものではなかったにせよ、イルカたちとの交流は、悲しみを乗り越える大きな助けとなっていた。ディーン・ポールによると、ビーは死後も夢の中まで会いに来てくれたという。ワークショップを終えた彼は、公立の幼稚園に通うまでになり、その語彙《ごい》は現在も安定して増えつつあるそうだ。

キャシーのように、予知夢はどの方向を進めば良いかの決め手となることがあるが、未来を垣間見たとしても、どうせそれは起こるんだから、何もしなくてもいいんだ、ということではもちろんない。なぜなら、多くの予知夢は、単に未来の1つの可能性を示してくれているに過ぎないからだ。

　私は20歳のとき、精神科医になるよう夢の中で方向づけられた。だからと言って、もしあのとき、私がそれを実現させるために積極的に動かなかったら、それは文字通り〝ただの夢〟として終っていたことだろう。夢があなたの代わりに何かをしてくれるのではない。あなたがそれを結実させる主人公なのだ、ということをお忘れなく。

§§ 癒しの夢 §§

　古代ギリシャでは、『アエスクラピウスの寺院』という〝癒しの夢〟が大変珍重されていた。誰かが病気になると、病人は寺院へと運ばれ、夢を見るまで寺院の共同宿舎に入れられる。夢を見た時点で、その人はセラピューティ（治療師）として知られるヒーラーたちに面会させられ、そこで病人のための治療法が夢に基づいて考え出された。

　夢はこのように治療のヒントを与えてくれるが、同時に夢自体に癒しの力が備わっている。たとえば、寝違えたはずの首の痛みが朝起きてみるとなくなっている。頭痛が消えている。暗い気持ちで眠りに入ったはずなのに、目覚めてみると気分が爽快になっている、などがそうだ。とは言っても、あなたはその癒しの夢を見たことさえ覚えていないかも知れないが。

　さて私の友人リンダが語ってくれた、劇的とも言える、珍しい癒しの夢をご紹介しよう。

リンダは、サン・ディエゴのUHS大学心理学科1年生のとき、夢に関する初級コースの授業をとった。そのとき出された課題が、最近になって見た夢の2、3例を集めてくるように、というものだった。リンダは昔から夢をよく見るほうだったが、その宿題のプレッシャーのせいで、夢を何ひとつ思い出すことが出来ず、その授業に落第してしまうのではないか、と悩んでいた。ちょうどそれと時を同じくして、リンダの脊椎の一番下の部分に、リポーマと呼ばれる良性の脂肪腫瘍ができた。そして、ひと月のうちに、それはビリヤードの球ほどの大きさに成長し、かなりの痛みを伴うようになった。

彼女は学業のかたわら、医者のアシスタントとして働いていたのだが、その医者は直ちにその腫瘍を切除するようにと勧めた。だが、彼女は迷っていた。手術のストレスと、全身麻酔による中毒的副作用を恐れていたからだ。そのうち、授業を受ける際には、椅子に座布団を敷いた上、背もたれには空気の入ったクッションをあてがわないと、痛みに耐えられないほどリポーマは悪化していった。

ある晩、課題レポートを仕上げるのに格闘していたリンダは、遂に耐え切れなくなって泣き出してしまった。それから、こう祈った。

「神さま！　私は集中して課題に向かうことができません。痛みがあまりにひどいんです。どうか助けてください！」

憔悴しきった彼女は、いつの間にかそのまま眠りこんでしまった。

そのとき、リンダはベッドに仰向けに横たわっている夢を見た。すると、彼女の目の前に1メートルほどもある巨大な注射器が現れたのだ！　その針先は、ひとりでに彼女の首の右側に突き刺さったかと思うと、リポーマがある脊髄のところまで貫通したようだった。彼女が、その耐え難い痛みを我慢していると、注射器がリポーマから青白い液体を吸い上げ始め、不快感は急速に消えていった。彼女は何が起きているかを完全に意識し、観察者として冷静に目撃していた。そして、そのまま朝まで眠り続けた。

翌朝目覚めてみると、リンダは夢のすべてを思い出し、すぐに等身大の鏡のところへ走っていった。すると驚いたことに、リポーマは完全に消えてなくなっていたのだ。教授は〝癒しの夢〟を見たのだと説明した。

その後、リンダのアルバイト先の医者は、リポーマが完全に消滅していたので驚愕の表情を見せた。

「ふーん。これは興味深い。結局、手術は必要ないと思うね」

医者が言ったのはそれだけだった。そして、カルテに記録をつけ、何事もなかったかのようにいつもの仕事に戻った。そのとき、彼女は直感的に夢のことを話すべきではない、と思った。というのは、それを口にすれば、これからの2人のあいだの人間関係と仕事に差しさわりが生じるのは間違いなかったからだ。だが、この体験を機に、リンダはセラピストとヒーラーとしての道を歩み始めたのだった。

現代の医療科学の進歩には凄まじいものがある。その一方で、世の中には未だ説明のつかないことが山ほど存在する。実験によれば、夢を強制的に見せないようにすると、人は不安に襲われたり、精神病の引き金ともなるという報告がある。これは、睡眠は肉体に帰依し、夢は魂の元気を回復させるという確かな証拠ではないだろうか。

§§ 夢日記 §§

夢見の究極の技術は、見た夢を覚えているということに尽きる。そして、その内容を夢日記に記録するようにすれば、さらに効果的だ。

私自身、ベッドの中でうつらうつらしながら、〝この夢は絶対に忘れないようにしよう〟と自分に言い聞かせておきながら、いざ目覚めてみると、すべてを忘れてしまっていた、という経験が幾度もあった。夢とは、本質的にはかないものだ。だからこそ、夢日記をつけることで、それを具体的な形で残しておくことが可能になる。

私は過去の夢日記を、衣装戸棚の上に山のように積み重ねてある。擦り切れたそれらのバインダーは、1960年代初頭まで遡ることができる。そのページを開けば、私の人生のある時点で、何が起きていたかを正確に思い出すことができるようになっている。

眠りの時間は、私にとって最も大切なときだ。だから、自分を静かな環境に置く事が欠かせない。しかも、私には強い巣作り本能があるので、夢見のためには出来る限り快適な環境を創造することに全力を注いでしまう。これだから、私が旅先での見知らぬホテルの一室に順応するのはひと苦労となる。その結果として、私の夢は一貫性のない不完全なものになりがちだ。

それが旅先であろうと、自宅であろうと、毎朝私は少なくとも数分間を、昨夜見た夢を思い出し、それを書き留めるために費やすことにしている。完全に目が覚めるまで目を閉じて、じっと横になったまま、夢を思い出す。今ではこれがほとんど機械的にできるまでに習慣化しているので、この作業を面倒くさいと感じたことはない。

ときには、真夜中に起き出して夢を記録する場合もある。ベッド脇の明かりを灯し、今しがた見た夢を日記に書きつけているうちに、結局寝そびれてしまうこともある。そこで、夢を覚えて置くよう頭に命じるのだが、それがうまくいくのは稀だ。それで、私は小さなペンライトを用意して、真夜中に見た夢のキーワードとなる数語を走り書きしておくことで妥協している。それほど、夢は私にとって重要なのだ。

中には、声に反応して作動するテープレコーダーを利用している友人もいる。そうすれば、わざわざ明かりをつけ、ペンを握る必要もないからだ、と言う。

マークは、まったく夢を覚えていることができなかった。才能ある文芸エージェントである彼は、霊的インスピレーションを得る目的で、私の診療所にやって来た。そこで、私は夢日記をつけるように、と彼に勧めた。

「夢を見ないのに、どうやって夢日記をつけろって言うんですか?」と彼は呆れ顔で尋ねた。

「大切なのは、とにかく夢日記をつけ始めることなんです」と私は答えた。

「夢を覚えていようがいまいが、ただ毎朝日付けを書いて、そのノートに向き合ってみてください。どんな断片でも覚えていることがあれば、色、形、いくつかのキーワードなんかを描きとめてみてください。起きだす前に、ちょっとそれを記録するだけなんですから」

「自信がないなぁ」

「それじゃ、寝る前に、目を閉じてから夢を見るようにお願いしてみるんですね。そうすれば、あなたの中の何かがそれに応えてくれるでしょう」

「あの、それでも全然夢を見なかったらどうするんですか?」

「諦めないこと! それにはしばらく時間がかかりますよ。でも、その習慣を続けていけば、きっと夢を見るようになりますから」と私は彼を励ました。

マークにはバラバラになった紙片や、使いかけのノートを夢日記として使わないようにアドバイスした。

私は、夢日記のために〝特別なノート〟を用意することで、夢見の決意がさらに強化されると考えたからだった。そこで、マークはハードカバーの日記帳を購入した。

それでも、最初の1週間は、目覚めても何1つ思い出すことができなかった。私は頭を抱えながら、マークの入眠時と起床時の癖を尋ねてみた。すると、彼は頭を枕につけた途端すぐ眠りに落ち、朝になると、弾丸のようにベッドから飛び起きて、午前6時の早朝電話をニューヨークにかけるため、早々と受話器に張りついている、ということだった。

「そんなにすぐ起き上がったんじゃ、夢を思い出せるはずがないわ！　目を閉じたまま、しばらくそのままじっとしていてください。というのは、夢を思い出す秘訣は、うとうとしている睡眠と覚醒のあいだの状態をいかに引き延ばすかにかかってるからなんです。このときが、魔法の時間なんですよ」と私は言った。

「そのときは、とにかく傍観者であることを、こころがけてみてください。すると、夢のほうであなたを引き込んでくれるでしょう。初めのうちは、何かの断片がサッと通り過ぎて行くような感じかも知れません。でも、最後には、映画の再生を見ているように、あるストーリーが現れてくるでしょう。それが映画と違うところは、いつでも目を開けて、あなたの好きな部分を選んで書き留められるという点です」

それからは、マークは朝起きても、ベッドから飛び起きないよう注意するようになった。そして、遂に数週間目、いくつかのスナップ写真のような夢の断片を思い出すようになった。

ある朝は、彼が9歳のときに亡くなった大好きな祖母の顔だった。また、別の日には、彼が子ども時代にとても可愛がっていたコッカスパニエルを抱いている、少年時代の自分だった。それらをコツコツと記録し続けた結果、そのバラバラのシーンは繋がりを持ち始め、マークが祖母を失ったときの悲しみと喪失感が意識の上に再浮上してきた。これを思い出したことで、マークはこころの中の否定的なエネルギーを解放することができたのだった。

このように夢日記は、心理的な観点から言っても極めて貴重な記録となる。夢の記録をつけることで、あなたもマイクのように、忘れていた人生の重要な出来事を掘り起こせるかも知れない。

最後に、私自身の身の上に起こったことをご紹介したい。

数年前、私のもとから恋人が去って行ってしまったことがあった。私の未練は相当なものだったが、彼が戻ってくる気配はなかった。

ある晩、私はその辛い状況を抜け出す方法を示して欲しい、と夢に願いをかけてから眠りに就いた。そして、午前3時。大きな雷鳴に目覚めてみると、私の頭の中には7桁の数字が駆け巡っていたのだった。それは、ウエストハリウッド地区の電話番号らしかった。そのときは、死ぬほど眠たかったのだが、私にとって夢の中で番号が示されることは非常に稀だったので、何とか夢日記に手を伸ばして、それを書きとめたのだった。

翌朝、私は誰が応答するかもわからないというのに、その番号にダイヤルした。2度目のベルが鳴ったとき、受話器を取り上げたのは女性の声だった。

「こちら、『再びご一緒しましょう』プロダクションですが、どのようなご用件でしょうか?」

私は、これは何かの冗談だろう、と思った。

「あの、すみませんが、あなたの会社はどのようなことをなさってるんでしょうか?」と私は尋ねた。

「私どもは、テレビプロダクションでございまして、『ムービー・オブ・ザ・ウィーク』を製作しておりますが」と、その女性は答えた。

私はやっとのことで笑いをこらえながら、

「ごめんなさい。番号を間違えたようです」と言って、電話を切った。

その夢は、私を宇宙的ユーモアで励ましてくれたのだった。もちろん、その後、恋人と元の鞘に収まることはなかったが、私があの番号を書きとめる努力を怠っていたとしたら、この貴重な励ましを受け取ることはできなかっただろう。

あなた自身の夢日記を始めるにあたっては、まず、お気に入りの文具屋へ出かけ、日記帳のコーナーをざっと眺めてみることからお勧めしたい。日記には、革製、色とりどりのコットンプリント、動物、花などの様々な表紙が揃っている。あなたに、最もやる気を起こさせるようなノートを選ぶことだ。そして、それをペンと一緒にベッドのすぐそばに置いておく。やがてその記録が、夢で見たとおりの出来事がいつか現実になったときのフィードバックとなることだろう。夢を思い出すということは、あなたの意識の地下を掘り起こし、それに生命の息吹を与えることなのだ。

第9章　日常生活での霊能体験

汝の目の前の何が正しいかを認識せよ、そうすれば隠されたものが汝に明らかにされよう。

聖トマスによる福音書

土曜日はいつも忙しい。私は、毎週土曜日を買い物や雑用に当てることにしている。その日は、車を洗車し、金物店にも出かけた。それから、父の誕生日の贈り物を探すため、サンタモニカの繁華街をぶらつくことにした。

私が店から店を冷やかしていると、突然頭の中に、小学校時代に一番仲良しだったバーバラのことが思い浮かんだ。私たちは、子ども時代何をするにも一緒だった。ところが、私が14歳のころドラッグを知り、一人前のヒッピーになると、バーバラとは何となく疎遠になってしまった。

あれから、もう20年以上にもなる。バーバラとの思い出に浸りながら、私は買い物をようやく終えるところだった。私は、軽い食事を取ることにし、カフェのドアを開けた。そして、混雑した店内に、空席はないかとざっと目を走らせたその時だった。何と、今では美しい大人の女性へと成長したバーバラを見つけたのだった！

「ジュディ、あなたなの？」

私に気づいた彼女は、驚きの声を上げた。私は感激しながら、彼女のテーブルに同席し、お互いの近況を伝えあった。彼女は、私が精神科医になったことを知って、こころから喜んでくれた。

「それで、あなたはどうなの？　バーバラ」私は、彼女が写真家だと伝え聞いていた。

「今日あなたと再会できたなんて信じられないわ。本当にタイミングが良かった！　私ね、明日結婚するの」

私は、驚きのあまり、息が止まりそうになった。そして、私たちのそれぞれの道が、このような大切な瞬間に交差したことに、大きな感動をおぼえた。私はバーバラを抱きしめて、〝おめでとう！〟と言った。だが、ほどなくして、彼女が帰らねばならない時間となった。それが、たとえわずか数十分だったとしても、2人の旧友が再び引き寄せられたのは、単なる偶然ではない、と私は知っていた。このように、霊能体験はしばしば日常生活の中に入り込んでくるものだ。

シンクロニシティー（共時性）

あなたはこれまで、物事の完璧なタイミングを経験したことがおありだろうか？　予め計画されていたとしか思えないようなタイミングで起こった出来事に、仕組まれた運命さえ感じるかも知れない。

　あれは、以前シダーズ・シナイ医療センターのスタッフミーティングに出席したときの出来事だった。

　私は、マイケルというハンサムな外科医と知り合った。私たちは、ミーティングの後で昼食を共にすることになり、サンセット通りのハンバーガー専門店で、しばらくの間、他愛のないおしゃべりを交わした。しかし残念ながら、お互いに医者であるというほか、2人の間には大した共通点もないように思えた。そこで、私はサッサと食べ終えて、礼儀正しくその場から立ち去るつもりでいた。

　ところが、大変奇妙なことに――自分でもなぜそうなったのかわからないのだが――私は思いがけず、自分の霊的信念について話し出していたのである。それから、会話はさらに〝死〟の話題へと発展していった。これらは、ほとんど面識のない人間と交わす話題としては不適当に違いない。でも、私はこの成り行きを信頼することにし、そのまま話を続けることにした。

　そこから私が知ったのは、マイケルが〝死〟について詳しい話を誰かとしたのは、まったく初めてということだった。そこで、〝魂が永遠であること〟〝死は終わりではなく、単に他の次元への移行に過ぎない〟といった私の死後の世界観を2時間も語ったのだが、彼はそれでもまだ聞き足りない感じで、その場に釘付けになっていた。そして、私が話を止めるたび、その先を続けるようにとしきりに促すのだった。

昼食の間中、私は話しながらずっと考え込んでいた。これほど異様なデートは、過去に経験したことがなかったからだ。

こころの中には、月並みな会話に戻りたい、という衝動が常にあったが、マイケルの目には、霊的な真実に対する渇望があり、今、そのすべてを吸収しようとしているのがわかった。そして、これは何か重大なことが持ち上がる合図だ、と私は直観していた。しかし、昼食の時間も終わりが近づき、私たちは〝さよなら〟を言って、それぞれの車へと歩いていった。

私は自分の診療所に向かいながら、〝一体これはどういうこと？〟と自問していた。結論に達する前に、ポケットベルが鳴った。病院での緊急任務が発生し、私は直ちにそこへ向かわねばならなくなった。そうして、その日の午後は、あっという間に過ぎ、患者の診療を終えるころには、夜もとっぷり暮れ、昼にマイケルと交わした会話のこともすっかり私の頭から消え去っていた。

それからひと月後、マイケルがヴェンチュラ高速道路で、常識では考えられないようなオートバイ事故で亡くなったことを電話で知らされた。

私は呆然となった。

〝あのマイケルが死んだですって？〟そんなことはあり得ない！　彼の前には、前途有望な人生が開かれていたはずなのに！　マイケルのような人は、結婚して、子どもを持って、幸せな人生をおくるはずなのに！　彼のような人は、そんなふうに早死にしてしまってはならないはずなのに！

その日は、ずっとマイケルのことが頭から離れなかった。彼には2回しか会ったことがなかったけれど、私は以前からずっと知り合いのような気がしてならなかった。そして突然、あの昼食時の会話には意味があったと合点がいったのだ。マイケルの無意識が、その差し迫った死を直観し、それについて出来る限りのことを知りたいと切望していたのだ。私はそのメッセンジャー役だったのだ！

マイケルが、このように若くして亡くなったのは悲劇だった。けれども、彼が来るべき運命に対して心構えをする、ささやかなお手伝いができたことに、私はせめてもの慰めを感じた。

シンクロニシティーは、霊的世界と私たちの世界との調和を示す現われ、と言ってもよい。それは、私たち一人ひとりが霊的に繋がっていることを浮き彫りにするものだ。

〝霊能者になりたい〞と言って、私のもとを訪ねて来る患者には、〝シンクロニシティー〞がどれくらいの頻度で起こるか、を記録するようにアドバイスすることにしている。

シンクロニシティーというものは〝あらゆる場所〞で〝意外な時〞に起こるものだ。たとえば、コインランドリー、車の洗車場、銀行の列の並びで等々。だから、どんな小さな手がかりであろうと、それがシンクロニシティーだということに、どんどん気づくようになることだ。

パティーは漠然とした不安を抱えて、私の診療所にやって来た。

「私の人生がひどい状態にあるわけじゃないんです。もう10年以上も勤めてきた、図書館司書というい職もありますし。でも、何か物足りないんです」

彼女は長い間夢に描いてきたことを、私にこっそりと打ち明けてくれた。それは、新鮮な食材を使い、健康的で低脂肪の美味しい料理を出すカフェを経営したい、という夢だった。実際、彼女は料理の達人で、祝日のディナーパーティーに友人たちを招いては、その独創的なレシピで友人たちをうならせていた。問題は、レストラン経営のトレーニングを受けたこともなく、ビジネスのコネもなかった上に、貯金もわずかということだった。それでも、パティーの夢は、まったく非現実的とも思えなかったので、私も何とか少しでも彼女の夢の実現に手を貸したかった。

「先ず初めに、あなたの夢が実現すると信じることが大事です。それから、その夢の実現へと導いてくれるサイン、言い換えれば、〝意味ある偶然〟には、くれぐれも注意することです」と、私はアドバイスした。

そこで、彼女はスペシャルパスタ料理を考え、市内のいつくかのデリカテッセン販売店と、レストランのメニューに加えてもらうよう売込みすることから始めた。パティーの料理は好評だったが、現実的にはもっと利益を上げねばならなかった。だが、どうやって？

ちょうどそのころ、パティーは母校の卒業生同窓会に出席する機会があった。その行事もお終いに近づいたとき、彼女の元ルームメイトの友人が、空港まで同行してくれる人を探していることを耳にした。それは、ちょうどパティーの行く先と同じ方角だったので、彼女はその人物を送っていくと快く申し出た。

車中、パティーは彼の職業について尋ねた。

「僕は、フェニックス地区でレストラン経営をしてるんだ」

パティーは、このときのシンクロニシティーを見逃しはしなかった。恥ずかしがり屋の彼女は、勇気を奮い起こして自分の夢について話し始めた。すると、これがきっかけとなり、パティーがカフェを開く段階になったとき、助言を与え、支えとなることを約束してくれたのである！

このように注意深い状態になると、あなたも人生において、様々なシンクロニシティーに出会うようになるだろう。それは、あなたに利益をもたらすのが目的であったり、危険から救ってくれることが目的のこともある。

私の患者で、8歳になる娘が参加していた学校のキャンプを、突然、手伝うよう請われた女性がいる。そのキャンプは、ロサンゼルスから160キロ離れたオジャイで行なわれることになっていたので、その夜、彼女と夫は車でサンタモニカの自宅を出発した。その翌朝、1994年1月17日、マグニチュード6・8のロサンゼルス大地震が起こったのである！　その患者の家の受けた被害は甚大だった。窓という窓は砕け散り、寝室の天井の木製の梁は真っ二つに折れたという。彼女とその夫は、シンクロニシティーのおかげで、この大地震から免れることができたのだった。

シンクロニシティーは、スイスの精神科医、カール・ユングが好んだテーマだった。彼はそれを「因果関係のない、内的または外的出来事の意味ある偶然」と定義した。そして、集合無意識について言及した。これは万物に共通の溜め池で、文化に関わりなく私たち人間すべての情報が蓄えられた貯蔵庫なのだ。彼は、それを古代の人々が「万物の共鳴」と呼んだ根拠となるものと考えた。

私は、この共通の貯蔵庫からシンクロニシティーが起こると確信している。私たちは、全員同じ溜め池の中を泳いでいるため、お互いの動きに共鳴することができるのだ。

自分は孤独だ、と思い悩んでいる人は多い。だが、集合無意識のことを考えれば、実は思ったよりずっと強く他人と結ばれていることがわかるはずだ。言い換えれば、私たち全員が地球規模の相互関係にあるのだ。

シンクロニシティーは、まったく面識のない人との間にも起こり得るが、私の場合、自分の愛する人たちとの間に起こることが最も多い。たとえば、私の友人であるジャックとの一件をお話しよう。

ジャックはニューヨークの北部に住んでいて、私たちが会える機会は年に数回しかない。これは最近のことだが、ジャックはコロラド州のボールダーで休暇を取り、現地の古本屋を冷やかしていた。そのとき、なぜか頭の中に私のことが思い浮かんだ。彼は熱心なサイエンスフィクションのファンだったので、その棚へ向かい——そのときもまだ私のことを考えていた——気に入った本を見つけ、手を伸ばした。

それは、マデレーン・ルエングルの著『時間のひだ』だった。そして、彼がそのタイトルページをめくって見ると、驚いたことに、そこに手書きされた私の名、ジュディス・オルロフと1961年11月の日付けを見つけたのだ！　1961年、私は10歳だった。子どもだった私は、自分の本が紛失してしまったときのことを考えて、いつも必ず名前を書くようにしていた。その私が高校を卒業して家を出るとき、それまでの古本の山を『グッドウィル』という慈善事業団体に寄付した。その一冊が巡りめぐって20年後、ボールダーまで旅をして、ジャックが手に取ることになったのだ。

ジャックからこの話を聞かされたとき、私は思わず泣いてしまった。私の子ども時代の思い出の品を、あのジャックがまったく思いがけない場所で、しかも信じ難いほど完璧なタイミングで手にしたということが、私の感情を激しく揺さぶったからだ。このシンクロニシティーが、私とジャックの友情の強さを再確認させてくれたのである。

デジャ・ヴュ（既視感）

デジャ・ヴュは、多くの人たちに起こる霊能体験の1つだ。

この表現は、元々フランス語の〝既《すで》に見たことがある〟という言葉に由来している。この感覚を言葉で説明すれば、〝以前にもこの場所に来たことがある〟〝以前にもこの人に会ったことがある〟〝以前にもこのような行動を取ったことがある〟などの記憶が脳裏にパッと閃《ひらめ》くといった具合だ。このデジャ・ヴュは、〝そのとき、何が起きているかに特別な注意を払いなさい〟という私たちへの合図なのだ。

デジャ・ヴュとは、一体何なのだろう? たとえば、それは夢の記憶だったり、予知だったり、偶然に重なり合った出来事だったり、あるいは、遠い昔からの縁に再び火を灯す、などの過去生の記憶だったりする。

私は、デジャ・ヴュを体験した場合には、即座にその感覚に注意を向けるようにしている。デジャ・ヴュは、一瞬の閃きとして現われたかと思う間もなく消えてしまうからだ。そこで、何がそこで語られようとしているのか、それがどのように私と関わりがあるのか、そこから何を学ぶことが出来るのか、その状況に対していかに積極的に貢献できるか、に注意を注ぐ。と、同時に、その状況を過度に分析しないように気をつけ、直感的に開かれた状態であるように努めている。

精神科研修医だったころ、私はヴェニス・ビーチのすぐそばにアパートを借りていた。その斬新な建物、新鮮な海の空気、素晴らしい日没の光景。そこは、私の住まいに対するあらゆる要求を満たしてくれていた。ところが、自分の診療所を開き、収入が増すにつれ、私は会計士から家を購入するよう助言を受けた。その際の私の判断基準は単純明快だった。〝海辺に住みたい〟ただこれだけだった。

海辺の家を見て回ったが、どの家も気に入らなかった。次第にイライラを募らせた私が、家の購入を諦めようとしたちょうどそのとき、ある不動産業者から新しい物件の情報が入った。

もう失望は御免だとうんざりした気分だったが、とにかく気乗りしないままそこに出かけた。ところが、その場所に足を踏み入れた途端、そこが〝自分の家〟ということがわかったのだ！というのは、その家の隅から隅までほとんど見覚えがあって、不動産業者に案内してもらう必要さえなかったからだ。しかも、私にはその家と〝再会を果たした〟という強い感覚があったのである。

2ヵ月後、私はそこへ移った。新しい環境に馴染むには時間のかかる私だったが、難なく対応できた。爾来《じらい》、私はずっとここで気持ちよく暮らしている。

カール・ユングがアフリカ旅行について記した書物がある。それには、彼がナイロビに汽車で向かう途中、頭上に広がる断崖絶壁の上を見上げると、すらっとした黒人が長い槍にもたれかかりながら、こちらのほうを見下ろしているのが見えたそうだ。このとき、ユングは間違いなくデジャ・ヴュの感覚を抱いたと記している。『私はこの瞬間をすでに体験したことがあり、それは、まるで私が青年時代を過ごした土地へ戻った瞬間であったかのようであり、あたかも黒い肌をしたその男が、5千年も前から私のことを待ち続けていたのを知っていたかのようだった』と。

アフリカとその黒人は、ユングにとって馴染みのないものだったが、彼はそのすべてを完璧に自然だと感じていた。ユングはこれを『太古の昔から知っていることの確認』と呼んでいる。

ご注意いただきたいのは、デジャ・ヴュが人に対して起こった場合だ。これはひと目惚れや、肉体的に強く引かれたとか、すぐにこころが通い合う、というのとは異なり、〝その人を以前から実際に知っている〟という感覚だ。この感覚を、あなたが無理に抱こうとしたり、その振りをするのは不可能だ。なぜなら、デジャ・ヴュ体験はひとりでに起きるものだからだ。この感覚が、ある特定の人物に対して起こったときには、この人物との人間関係が、他のあなたの人間関係とどう異なるか、ご自身でよく観察してみていただきたい。

キャロルはインテリアデザイナーで、ある男性と出会った最初の日に、彼と結婚することがわかったと言う。彼女は離婚してから3年が経過していたが、彼女のこころはまだ完全には癒えておらず、誰かと新たな恋人関係を始める気持ちはまったくなかった。

そんなある日、キャロルは友人宅のパーティーでトムに出会った。

彼の立ち居振る舞い、その声、頑丈な手。彼女はそのすべてに見覚えがあった。そして、確かに以前どこかで会ったことがある、と思った。ところが、後で確かめてみると、2人はまったく面識がなかったのだが、彼のほうでもキャロルが感じたのと同じふうに感じていたことがわかったのだ。

「出会いの最初の瞬間から、お互いにくつろぎを感じることができたんです。それに、こんなことがあったんですよ。私がライラックを大好きなのをまったく知らないはずなのに、その花を贈ってくれたんです。それから先週、私がビリー・ホリデーのある曲をかけたときも、トムがそれと同じレコードを持ってるってことがわかったんです。あんまり幸せなんで、戸惑ってるくらい」

トムとの出会いから数週間後、キャロルが彼と結婚することになった、と私は告げられた。あまりにもテンポの速い展開に、私は多少心配したが、キャロルが大変直観に優れていたことと、そのデジャ・ヴュ体験を踏まえ、彼らを応援することにした。その3ヵ月後、2人はめでたく結婚した。それ以来、2人はずっとロマンチックな関係を育み続けている。彼らが出会いの最初から感じていた特別な親近感が、結婚生活につきものの浮き沈みを乗り越えさせる原動力となった。そして、間もなく2人は結婚10周年を祝うところである。

このように、デジャ・ヴュで始まった恋人関係は、結合というよりもむしろ再結合といった感じがするものだ。もちろん、彼らにもその関係に深く関わる決意と努力が要求されるが、私の知る限り、このような形で互いに〝認識〟し合ったカップルの関係は、永続性があるように思う。

ところで、デジャ・ヴュには、結合とは正反対の危険を知らせる場合もある。

つまり、あなたが以前から知っていると確信したような人物に対し、あなたの中の何かが〝その人物には絶対に近づかないように！〟と危険信号を発する。

デジャ・ヴュには、その人物と共鳴する過去の歴史があるものだ。だからと言って、その人物との間に何があったかをはっきりと指摘するのは難しいかもしれないが、危険信号を感じた場合には、その人物に注意するに越したことはない。

これは、弁護士である私の友人に起こったことなのだが、彼はデジャ・ヴュを体験したことがなかった。その彼が、あるビジネスミーティングで、別の弁護士に出会った。ところが、瞬間的にひどい嫌悪感をもよおしたと言う。

「自分でもうまく説明できないんだけど、まるで奴の顔を見る前から、すべてを知ってるぞ、って感じなんだ。そんなことはあり得ないんだが、以前なぜか奴との間に取引きがあったような気がしたんだ。ただ1つはっきり言えるのは、〝奴《やつ》は信用できない〟ってことだったんだ」

このデジャ・ヴュ体験から、彼は極力その男と係わり合いにならないようにした。その6ヵ月後、彼はロサンゼルス・タイムズのビジネス欄の一面に、その弁護士の写真が掲載されているのを見て驚いた。その男は、何百万ドルという法人の資金を横領した首謀者だったのだ。

透視

英語の透視の語源は、〝はっきり見る〟である。これはしばしば予知と同じ意味で使われるが、両者には違いがある。透視とは、未来を見ることではなく、すぐお隣りであろうが、地球の裏側であろうが〝現在起きている〟出来事に波長を合わせることなのだ。

透視者になれる可能性は誰にでもある。これは、プロの霊能者や悟りを開いた霊的大家だけに限られた技術ではない。それは本来的に人間に備わっているもので、適切な指導さえあれば、訓練によって再び浮かび上がらせることのできる能力だ。

浮かび上がらせるための最初のステップは、自分の感情を意識することだ。そして、頭だけでなく、からだ全体で生きてみることだ。

現代社会では、あまりにも多くの人たちが、首から下を麻痺させたまま、何か病的に取り憑かれたようになって生きている。もし、あなたがその時々の感情――怒り、恐れ、喜び、悲しみ等――に対して、からだがどのような反応を示すかに気づくようになれば、それが透視のための微かな手がかりとなる。つまり、透視するには自分のからだを受信機として働かせる必要があるのだ。

これらの感情の微妙な変化を感じ取るには、こころを静かに保たねばならない。こころが考えで一杯になっていると、霊能力は遮《さえぎ》られてしまう。瞑想であれ、ヨーガであれ、海辺の散歩であれ、暖かい湯舟に浸かるときであれ、日に最低10分は誰にも邪魔されることなく、頭を空っぽの状態にしてみよう。そして、このこころ静かなときに浮かび上がって来る無数の印象に対して、開かれた状態であるよう自分を訓練付けるのである。

次に、私が患者たちに教えている単純な透視練習方法をご紹介したい。これは、私自身が誰かを透視するときにも使っている方法だ。

まず、電話をオフにする。ドアを閉め、透視の途中で誰かが邪魔をして、あなたの集中力を途切れさせないように配慮する。それから、何回か深呼吸をしてからだを楽にし、気がかりなことがあってもとりあえず脇へのけて置く。焦ることはない。落ち着くまで好きなだけ時間をかけよう。そして、瞑想状態へと入る。

さあ、あなたが気兼ねなくすぐに連絡の取れるような、特に親しい友人をひとり選んで、彼（あるいは彼女）の名前に集中してみよう。というのは、後でリーディングのフィードバックをするとき、それに対して忌憚《きたん》なく意見を述べてくれるような相手でなければならないからだ。

この友人の名を、しばらくの間、こころの中で静かに思い浮かべ、その姿を視覚化し続ける。それ以外のことは何も考えないように。初心者のうちは、ある特定の質問に絞ったほうがいいだろう。先ず、一般的なことから始めて、徐々に具体的な方向へ向かって行こう。

たとえば、その友人が今日、どんな気持ちでいるかを尋ねてみよう。それから、あなたにやって来た感覚のすべてに対してこころを開くのだ。すると、透視された印象が得られるはずだ。からだに感じるどんな細かい変化にも注意しよう。胃の痛みは？　吐き気は？　落ち込んだ気分にならないだろうか？　肩がひどく凝った感じは？　とはいえ、これらの症状に長い間浸り続けるのは良くない。

あなたがお望みなら、もっと相手の細部にまで入り込むことも可能だ。たとえば、今あなたの友人はどこにいるだろうか？　何を着ているだろうか？　友人はひとりでいるのだろうか、それとも、誰かと一緒だろうか？　などの質問を別々に投げかけてみて、どんな印象が得られるかを時間をかけて見てみよう。その際、前もって答えを期待してはいけないのはもちろんだ。

透視した印象は、すぐに目の前を通り過ぎてしまうスナップ写真のようなものだ。そして、映像、匂い、味、音、感覚などが、単独でというよりは、むしろひと連なりとして現れるのが一般的なようだ。

具体的にいうと、次のようになる。あなたがある友人の居場所を透視したとしよう。すると先ず、雪を戴《いただ》いてそびえ立つ山頂の光景が現れ、2番目に1階建ての素朴な丸太小屋、そして最後に、友人がひとりでロッキングチェアに座って編み物をしている姿が現れるといった具合だ。そして、受けた印象は素早く書き留めて置こう。

リーディングが終了したら、これらが正しいかどうかを照合するために、なるべく早くその友人に連絡を取ってみよう。これにより、あなたのリーディングの正確さについて、直接本人からフィードバックを受けることが出来るからだ。そして、自分の見たものについて、過度に分析せず、見えたままを感情移入せずに報告するのが肝心だ。たとえ、それらが間違っていたとしても、がっかりすることはない。フィードバックは、霊能者として成長するためになくてはならないものだからだ。


ダナは、ハリウッドの有能な映画製作アシスタントだった。ところが、近頃、上司の彼女に対する態度に変化が見られるようになった。上司が、ダナに対してしょっちゅう辛くあたるようになったのだ。以前は、彼と働くのがとても楽しかったのに。

彼女は、わけがわからず、思い悩んだ。そして自分が首になるのではないか、と心配し始めた。そこで、私はその職場の状況を透視してみるようにアドバイスした。

この数年、精神療法の一環として、私は彼女の透視技術を発達させるお手伝いをしてきた。そこで、彼女の3歳になる娘が幼稚園に行っている間、自宅の仕事部屋の肘掛け椅子に座って静かに瞑想し、その上司の名前に集中した。

すると、何分も経たない内に、額に圧迫感を感じ、イライラするような気分に見舞われ始めた。その感覚は、次第に頭が破裂してしまうのではないかと思われるほどひどくなっていった。ダナは、もともと頭痛持ちではなかったので、それがどんなに耐え難いものか、そのときまで味わったことがなかった。

「この頭痛と私の上司とどんな関係があるのでしょう?」と、彼女は集中したまま、こころの中で質問した。しばらくすると、上司の具合悪そうな姿がはっきりと見えた。彼は会社のすぐ外の噴水型の水飲み場にいた。そして、そこにかがみ込んで、赤い色をした小さな錠剤を口に放り込んだ。このとき、すべてが氷解した。これで、上司の奇行の理由がはっきりした。

フィードバックのため、ダナがその後同僚から仕入れた情報によれば、その上司はここ数ヶ月、実にひどい頭痛に悩まされていたという。そして、最近になってようやく医者のところへ行ったらしい。診断は高血圧で、薬を飲んで治療し始めたばかりということだった。このことから、ダナは彼の気分を個人的に受け取らないことに決めた。すると、ほどなく彼は目に見えて元気を取り戻し、彼女に暴言を吐くこともなくなった。再び、元のようにのんびりした男に戻ったのである。

ダナの例のように、夜も眠れないほどの難しい状況と格闘しているようなとき、あなたは無意識のうちに苦しみの合図を発信する。そして、もうどこにも行き場がないと諦めたとき、霊的に答えを引き出しやすい環境が整うのである。

私自身、人生で大きな決断に迫られたときには、常に論理と透視の組み合わせによって、物事を解決するようにしている。たとえば、新たなプロジェクトを引き受けようとするとき。自分のキャリアで別の方向を探ろうとするとき。何かに投資するとき。長期休暇を計画するとき。新しい恋人関係を始めようとするときなどだ。その問題を、ありとあらゆる角度から検討するのはもちろんだが、これらが透視で確かめられないうちは、それがどれほど魅力的なものであっても、必ずお断りすることにしている。

透視するときのコツについてもう1つ。リーディングを信頼に足るべきものとするには、感情的に安定していなければならない、ということだ。もしも、焦点を当てようとしている人物や状況に対して、あまりにも感情的になっているような場合には、自分の感情を脇へのけておくというのはほとんど不可能だ。つまり、何かを熱望しているときや、結果に期待し過ぎているときなどは、客観的であることができないということだ。そうなると、あなたの願望や期待が、受け取るべき霊能的画像に泥を塗りつけてしまうことになる。これでは、物事をはっきり見るなど、土台無理な話だ。

霊能者的感情移入

あなたには、こんな経験がおありだろうか？　あなたの隣りに居合わせた人が、とても生き生きとしたムードで、その活気に思わず伝染してしまった。あるいは、気分が浮き立つようなストーリーの映画を見にいったはずなのに、却って落ち込んでしまったというようなことは？　これらは、霊能者的感情移入の例で、普段私たちの多くが体験していることなのに、なかなか気づかないものだ。

霊能者的感情移入は、単に他人の感情が乗り移るだけではない。それは、あなたが他人と1つに溶け合う能力であり、その人の目を通して世界を眺め、その人の感じ方を通して世界を感じることなのだ。霊能者のように感情移入してしまう人は、薄気味悪いほど他人の感情や肉体上に起こっていることに同調してしまうので、それが自分の身の上に起きているかのように錯覚してしまうほどだ。また、感情移入が日常的に働いているために、それが自分の人生に与える衝撃を正しく認識していない場合もある。

というわけで、これはあらゆる霊能現象の中でも、最も見過ごされ、誤解されているものかも知れない。実際に、感情を移入してしまった人は自分とは無関係の症状に悩まされるため、彼らを診た医者たちには、単なる〝心気症〟と片付けられるのがほとんどなのだ。

私自身、感情移入をする子どもだった。私は〝敏感すぎる〟と周りの人たちから言われ続け、その言葉をそのまま信じて育った。友人たちは、週末にショッピングセンターに出かけたり、パーティーに行くのが待ち遠しくて仕方ないようだったが、私にとってはとんでもないことだった。私にとって、大勢の人が集まる場は、大きな負担だった。というのも、私は知らないうちに周りの人たちの痛みや感情を吸収してしまう巨大なスポンジだったからだ。

ウッディ・アレンの『ジーリック』という映画の中に〝カメレオン人間〟というのが登場する。ジーリックには大変弱々しい個性しかないため、彼が実際一緒に会話を交わした相手から影響を受け、そっくりそのまま似てしまう、というのがそのストーリーだ。彼は映画の中で、ナチス親衛隊の将校、中国人のクリーニング屋、ユダヤ教のラビ、メキシコの旅回りの歌手、体重が100キロ以上もある太りすぎの男に変身してしまうのだ。

ある日の午後、私は素敵な80代の女性と昼食を共にした。彼女は心理療法家で、その診療所は賑わっていた。彼女は子ども時分から筋金入りの感情移入者だった。今ではその性質を活かし、患者の思わしくない部分を、自分のからだの上に感じることによって診断を下すという芸当をやってのけていた。興味深かったのは、彼女がそのようにしても、受け取った症状をそのまま引きずってしまうことがない点だった。私がその理由を尋ねると、

「私は、自分をただの〝チャンネル〟として使ってるの。患者たちに共鳴し過ぎないことね。自分の中に受けた〝感じ〟をそのまま流れさせてしまうのよ」

だが彼女が言った意味を本当に理解し、自分のものにするまでには、その後何年も待たねばな

らなかったのだが。

それまで、私にはわけもなく怒りを感じることがあった。それは、他人の怒りを感情移入していたからなのだが、それはある意味で、自分の中にもその要素があったために、それを引きつけていたのだ。ひとたびその出所を解明すると〝引っかかり〟はなくなってしまう。すると、もはや他人の怒りを簡単に帯びることがなくなった。

望んでもいない他人の感情の集中砲火から免れる秘訣は、常に感情的に澄んだ状態であり続けることだ。そうすれば、感情移入は問題とならなくなる。

たとえば、レストランで隣り合った男性から不安の波が押し寄せて来たとしよう。そして、自分のエネルギーがどんどんそこへ吸い取られていくような気がする。しかし、エネルギーの流出は、あなたの中でスイッチが押された場合にだけ起こるものだ。これに引き込まれないためには、「ははあ。これは興味深い」と、それをすぐにやり過ごしてしまう（スイッチをオフにしたまま）ようにする。間違っても、それに抵抗したり、その感情の虜（スイッチがオン）になったりしないことだ。

感情的に澄んだ状態を保つためには、やはり瞑想が助けになる。毎日、座る習慣をつけることで自分の中心を保ち、自分の感覚を中立的に眺めることができるようになるからだ。

私の友人のヘイデンは、夫に指摘されるまで、自分が感情移入者だということに気づかなかった。彼女は大変に思いやり深い人間で、ほとんど没我的に家族や友人たちを支えていた。ところが、そのうち、落ち込んでいたり、肉体的な痛みを抱えている誰かと一緒に話していると、自分も同じ状態になることに気づいたのだった。しかも、その不快感を取り払うには、何時間もかかった。

だが、他人の痛みや苦しみについて彼女に責任がないことを悟ると、客観的な態度を保ちながら、自分を中心にして人々のことを気にかけるスタイルに自分自身を変化させていった。それからの彼女が、精神的にも肉体的にも解放されたのはもちろんである。

〝広場恐怖症〟の人たちは、実際には病名のつけられない感情移入者なのではないか、と私は考えている。彼らは人混みに耐えられないし、それを避けるためならどんなことでもしかねない。人通りの多い道、賑わっている商店の中、ぎゅうぎゅう詰めのエレベーターの中、あるいは満員の飛行機の中などは、彼らにとって本当に辛いのだ。人々の群れに取り囲まれるのは、あまりにも刺激が強過ぎるからだ。そこで、彼らは家の中に閉じこもり、ただ安全に生きるためだけに、自分たちを孤立状態に追い込むのである。

だからと言って、すべての霊能者的感情移入がこれほど極端な訳ではない。日常生活の中では、それは一般的にもっと穏やかに現れるものだ。私はユダヤ人夫婦のバーサとソウルの２人と懇意にしている。２人は結婚して50年にもなり、文字通り一心同体だ。ただ、２人のリズムがあまりにも一体化しているために、お互いの感情に直観的に反応し過ぎるきらいがある。

妻のバーサがまだひと言も発しないうちから、

「無理しなさんな、バーサ。お前さんは妹からの電話が待ち遠しくて仕方ないんだろう?」と尋ねる。

「あなたって、何でもお見通しなのね」と、いとも簡単にこころの中を見透かされたバーサが悔しそうに答える。2人の間には、いつもこのようなやり取りが展開するのだ。

古代ケルト神話に〝アヴァロンの島〟というのがある。

そこは聖なる場所で、霊能者たちが君臨していた。マリオン・ツィマー・ブラドレー著『アヴァロンの霧』の物語によれば、多くの人々が霊能力を信じなくなったため、霧がアヴァロンを深く覆いつくし、永遠に人々の手の届かいところに隠れてしまったという。

この物語のように、私たちの中の神秘的な本質もぼんやりと霞んでしまった。それは、私たちが、恐れ、自己中心的性質、信念の欠如の深い霧によって、盲目となっているからだ。しかし霊的なことはこの日々の生活の中に常に存在している。世界には、目に見えないネットワークが確かに存在するのだ。私たちは、それに気付かねばならない。そうなれば、アヴァロンにかかった霧は取り払われ、再び私たちの前にその姿を現すことだろう。

第10章　バランスのとれた霊能者

謙遜は、強さの確かなる印《しるし》である。

トマス・メルトン

ギラギラと照りつける幾筋ものライトが、テレビスタジオ内のすべてを非現実的なものに見せていた。私は、まやかしの霊能者に焦点を当てたトーク番組の出番を待っているところだった。すでにステージに上っていたのは、自分の妹が魔女に呪われていると主張する女性で、彼女は派手な服装をした人妻だった。回答者に選ばれた霊能者は、胸元の開き過ぎた服を身にまとって、けばけばしいブロンドに染め上げた髪の女性と、体重100キロは優に超える男性透視者だった。彼は霊能電話相談を開設していたが、営業時間外にはその同じ番号がセックス電話を兼ねているという有様だった。

私のこころは傷ついていた。その番組の出演依頼を承諾したとき、私は〝普通の人たち〟が回答者になると思っていたからだった。それに、私はこんなサーカスのような見世物を期待していたんじゃないのに！　最悪なのは、私が最後にこの分野のエキスパートとして登場し、そこで回答者たちが述べたことについてコメントするという、その番組全体のまとめ役となっていたことだった。大変な所へ来てしまったことに気づいたときには、もう遅かった。呪われた妹を持つ女性が、同情を込めて私の手をギュッと握りしめながらこう言った。

「お嬢さん、幸運を祈るわ！」

これほど極端ないかにもという霊能者に出会ったことがなかった。この時点で、彼らが本物であるかどうかは重要ではなかった。問題は、人々が霊能者を信用しない理由の1つが、この番組に出演していたような、あまりにもマンガチックな霊能者にあったからだった。

しっかりバランスのとれた霊能者は、長いローブを身にまとったり、水晶玉を持ち歩いたりはしない。スーパーマーケットの真ん中であなたの手を取り、占いを強要したりはしない。また、頼まれもしないのに、情報をうっかり知らせることもない。彼らはごく普通の人間なのだ。そのような霊能者たちに共通する最も顕著な点があるとすれば、それは〝目立たない〟ということだろう。その力は内に秘められ、調和している。それを見せびらかす必要がないからだ。

私が大好きな映画に『復活』というのがある。それは、ある女性が様々な段階を経ながら自分が霊能ヒーラーであることを受け入れていく、というストーリーだ。

彼女は、人生の一時期を一般の人たちに霊能力を実演公開するよう引き込まれたことがあった。だが最終的に、彼女はそれをもっと慎ましい流儀で役立てることに決めたのだった。その映画のラストシーンで、――彼女はカリフォルニア砂漠にポツンとあるガソリンスタンドの経営者なのだが――癌に侵された若い青年が偶然そこに立ち寄る。すると、彼女は何も言わずに彼を抱きしめるのである。彼女はそうすることで、密かにその青年を癒していたのだ。彼女は認められたいがためにそうしたのではなく、純粋な回復への願いを込めてそうしたのだ。

しかしながら、世間では相変わらず霊能者を胡散臭い目で見ていることに変わりはない。〝診断に役立つ統計的手引きⅣ（ＤＭＳ）〟――これは米国精神科協会のバイブルなのだが――では、霊能力が精神異常と同一視されている。悲しいことだがそこには、肯定的かつ健康的なものは一切存在しない。むろん私は、そのような医学的態度は近視眼的である、と考えている。

当時、私は診療に霊能力を取り入れようと躍起になっていたが、それに関する良い手本はどこにも見当たらなかった。

そのうち、サンフランシスコ郊外にある『霊性の緊急時のためのネットワーク（ＳＥＮ）』のことを知った。ＳＥＮは、スタニスラフ・グロフと妻クリスティーナによって創設され、精神病と霊性の緊急時との間に区別をつけたことで知られていた。つまり、ＳＥＮが前提としている個人の危機は、霊的な成長につながると見なしていたのである。

ＳＥＮのスタッフやボランティアは、世界中から助けを求めてきた悩める人たちを、精神科医、心理学者、免許を持ったセラピストたち――これらは、臨床訓練を積み、霊能力を扱った経験がある人たち――に照会した。そして、これこそ私が長年捜し求めていた、思いやりがあり、信頼に足る代替的な治療法だった。

これは、怪しい霊能電話相談などとは無縁のもので、〝科学的かつ霊的な手段を用いることで、危機に瀕する人たちを救う、精神健康のための治療のお手本〟として、このようなグループが立ち上がったのだった。私は早速ＳＥＮに連絡をとり、ロサンゼルス地区のコーディネーターとしてボランティア活動を始めた。

ＳＥＮを通じて、間もなく私は様々な人たちからの電話を受け取ることになった。相談主の多くが、パワフルで不思議な霊能体験を持っており、それをどう解釈してよいかわからず、苦悩していた。しかも、彼らは従来の精神療法が何を提供するかを熟知していたし、それを恐れていた。強力な薬、電気ショック療法、あるいは集中心理療法などは、当然のことながら彼らにとって何の慰めにもならなかった。

ＳＥＮでは、彼らの体験を単に機能障害という言葉で片づけてしまう代わりに、霊的な文脈を探し出す手助けをしていた。これにより、うまく行けば、彼らの本物の才能、つまり霊能力を目覚めさせることにつながるというのだ。

ＳＥＮから紹介されてやってきたテレサは、ラテン系の女性で、ある広告代理店の管理職だったが、10日間ほとんど不眠の状態だと言った。テレサはグァテマラの小村で育ち、魔術や薬草治療を学びながら過ごしてきた。つまり、彼女はまじない師〝クランデラ〟として訓練を積み、霊能夢やヴィジョンを癒しに活用する方法を教えられてきたのだ。そのせいで、彼女は西洋の精神療法に対して警戒心を抱いていた。

テレサは20歳でロサンゼルスに移った後、自分の村の習わしを実践するのを止《や》めてしまった。どうしても新しい世界で成功したかったし、保守的で権力志向の強いビジネスの世界では、彼女が身に着けていた霊的思想は邪魔になるだけだったからだ。そのようなわけで、彼女は都合よく過去を葬り去り、8年もの間、法人組織の梯子段《はしご》を上り続けた。その結果、彼女はその分野でのトップウーマンのひとりとして認められるまでになった。

ところがある夜、彼女は予期せぬヴィジョンを目にしたのだった。

「あなた、きっと私を精神病院に入れなきゃならないと思うわよ」と、テレサは遂に口火を切った。

「私、恐ろしいビジョンを見たの。先週の月曜日だったわ。真夜中に起きてみると、部屋の隅に一番上の姉が立っていたのよ。姉の胸にはバスケットボール位の大きな穴がポッカリと開いてたの。そこから、白い光が洪水のように溢れ出ていた。私、呆然としてしまったわ。だって、姉がもうすぐ死ぬってわかったからよ」

その夜、テレサはこころを掻き乱され、そのまま夜明けまでずっと起きていた。彼女はもちろん姉のことを愛していたが、このヴィジョンが自分の現在の完璧に西洋化された生活スタイルに横槍を入れたことに、猛烈な憤りを感じていた。そのうち、彼女は実際グァテマラから電話を受け取ることになった。姉は今しがた肺癌と診断されたばかりだったのだ。テレサは〝クランデラ〟としての過去を押しのけようと戦ったが、過去は彼女を執拗に追ってきた。彼女は、もはやそれを無視できないところまで追い詰められていた。

テレサが精神異常でないのは明らかだった。むしろ、彼女の見た予知ヴィジョンが不安を急上昇させた原因だった。私の役割は、彼女のこの2つの世界を再統合するお手伝いをすることだった。

「そんなこと、できっこないわ。2つは絶対にミックスできないわ」と彼女は反発した。そこで、私は自分の物語を話して聞かせた。つまり、私がいかにしてこれと同じ霊的分断状態と戦い、それを克服したかをである。だが、最初の数週間は、私の言葉を聞いてはいても、信用していない様子だった。

テレサは、新しい方向から自分の霊能力を見る必要があった。それは、時代遅れの村の魔女という固定観念を取り払い、現代風の占い師になること、と言い換えてもよかった。テレサの恐れと古い概念を掘り起こしていくにつれ、彼女を苦しめていた不安もゆっくりと弱まっていった。でも、彼女が霊能力を再始動させるための練習場所として、私の診療所を使うようになるまでには、まだまだ時間がかかった。

そしてある日、遂に彼女が自らリーディングをしたいと言い出した。これこそ私が長い間待ち望んでいた瞬間だった。

それからは、診療中やその他の空き時間にも私の人生に関してリーディングを行なうようになり、私はその成否についてフィードバックを行なうことになった。これは、私が伝えたくないような個人的情報をもテレサの前に公けにすることを意味していたが、それは覚悟の上だった。患者に対してこのように打ち解けるのは、常に是非の判断を要求されるのだが、テレサならそれにうまく対処できるだろうと私は感じていた。

テレサが、あるときこう言ったのを覚えている。

「ねえ。あなたの足が切り取られたイメージが見えるの。あなたはバランスを保っていられないみたいね」

そのとき、彼女は正しいことを指摘していたのだった。その日はひどくお粗末な一日だった。飲酒癖と格闘していた女友達が、再び禁酒を破って意識不明となり、病院に入れられてしまったのだ。その彼女を見舞っている間に、私の車のバッテリーが上がってしまい、別の車を借りに行ったことで、患者との約束に遅れてしまった。挙句の果て、その患者は私が到着してみると、すでに帰ってしまっていた。私はざっくばらんにこの出来事をテレサに話した。彼女の見たヴィジョンのメタファー（隠喩）を解釈する役に立てて欲しかったからだ。

また、テレサがこう尋ねたときがあった。

「呼吸困難で苦しんでる年配の男の人を知ってるかしら？　彼は真ん丸顔で、とっても素晴らしいユーモアのセンスの持ち主よ」

私はすぐにその人物に思い当たった。冗談が大好きな80代の彼は、私の父の親友だった。テレサのリーディングの前日、彼は急性肺炎と高熱で病院に入院していた。このような練習を繰り返すうち、テレサは少しずつ自信をつけていった。私は、まるで何年もリングを離れていたプロボクサーを再トレーニングしているかのような気分だった。そして、最後には私に関するだけでなく、ビジネスの世界や、彼女の家族——特に彼女の姉——についての予知を行なうまでになった。

テレサは、たまたま霊的危機の真っ只中に投げ出されてしまった知的でこころの広い、大変活動的な人間だった。テレサのような人たちは、ヴィジョンを見、声を聴くことで、自分たちの正気を危ぶんでいた。だからと言って、彼らを精神異常と片づけてしまうのは、極めてひどい対応の仕方だろう。この霊的危機、言い換えれば霊的転換期には、的を射た助けが必要なのだ。

私は、SENのこの意図をよく理解していたつもりだったのだが、ある種の患者に対しては大きなフラストレーションを感じることがあった。とりわけ、慢性の精神病患者の場合がそうだった。

SENの地区コーディネーターとして最も辛かったのは、自分が霊能者だと信じ込んでいる重症の精神異常の人たちからのひきもきらない電話だった。彼らは、長年精神病院を出たり入ったりした末、燃え尽きてしまった躁鬱病患者であったり、FBIから追われていると言い張る統合失調症の患者だった。つまり、長期にわたって精神障害を患い、万策尽きたと見放された患者が私のもとへやって来たのだった。もちろん、私は従来の精神科医が行なったことがないような方法で、彼らの特別なパワーを認識できれば、と期待していた。だが、これが私を手に余る状況に追い込んでしまうことになろうとは！

彼らを救いたいのは山々だったが、私には重度の精神障害者と霊能者とを見分けるのは不可能だった。私が良識を持ってできたのは、ただ彼らに従来の医療技術を施すことだけだった。彼らはもがいていた。そんな彼らが最後の頼みの綱としたのは、形而上学的《けいじじょうがく》なことを追求することだった。だが診たところ、彼らは——私が何らかの霊能力を認めた稀有な患者でさえも——それを追求するにはあまりにも精神が不安定だと判断せざるを得なかった。

このようなわけで、自称霊能者のこの私が、なおも彼らの要求を拒んでいたのだった。彼らは、私が手を差し伸べられない根拠を推し測ることができず、私を偽善者と受け止め、裏切られたと感じていたようだった。彼らにとって、私はほかの非同情的な精神科医と同じだった。いや、私は自分の意図を不正確に伝えていたことで、他の精神科医よりひどかったかも知れない。しかし、私の判断は間違っていなかったと思っている。

それでも、患者たちが私を信用できない輩のひとりと考え、診療所に見切りをつけて出て行くのを目にするのは本当に辛かった。

私はそのような人たちを州の施設に委託し、治療プログラムのリストと紹介状を持たせた。そのうちのホームレスの人たちには宿名を告げた。ある者は私の努力を酌み、自分の人生を何とか変えようと頑張ってくれた。しかしながら、それ以外の人たちは、どれほど私に失望したことだろう。彼らの求めに応えられないのは、実に歯がゆかった。

精神の異常が霊能力を歪めてしまうのは、よくある話だ。真の精神異常の場合、その脳内に根本的な生化学的アンバランスが認められるのは確かである。これが、精神錯乱の原因の1つと考えられる。たとえば、本当に正直な女性が、自分がいかに優れた霊能者であるかを証明したいと言って、私の診療所を訪れる。そして、彼女は私の考えを読み取ることができると主張する。その結果、彼女の答えがまったく正しくないことが判るのだ。

しかしながら、どんなに相手を気遣ってこの事実を伝えようとしても、とにかく聞き入れてもらえない。率直に言って、彼女のような人たちが申し立てることは、たいてい支離滅裂で、私たちの知る世界とはかけ離れたものだ。彼らは、自分が霊能者であるという考えにしがみついている。それは、あたかも沈みかけている船にその最後の希望を託しているかのようだ。こうなると、もう何と言おうと彼らの気持ちを変えることはできない。

以上の経験から、私はどのような場合に霊能力を発達させるよう励まし、どのような場合にそうすべきでないか、という感覚を身につけていった。タイミングが問題なのだ。本人の準備が整っていないときに霊的なことを探求するのは、事態を悪化させるだけだろう。そのようなとき、霊的なワークショップに参加し過ぎたり、師に頼りすぎたりすることも、却って大きなプレッシャーをかけることになる。また、霊的に進歩することにあまりに躍起になると、欲求不満を抱えながら燃え尽きてしまう危険もある。また、幻覚剤に頼った結果、精神異常に終わってしまう例もある。霊性とは、忍耐と共に、有機的に進化していくものなのだ。

霊能力を発達させる上で最も健全な道は、創造的表現の中に存在する。行き過ぎた理論・理屈は、創造性や霊能力を殺してしまう。独創的なアイデアやインスピレーションといった不思議な力は、理屈や理論を超えた源からやって来る。

私の友人で、映画脚本家でもあるジャナスは、自分のことを霊能者などと思ったこともないが、実はその能力を有している。

ある朝早く、彼女は夢の中で入り組んだストーリーの構想がパーフェクトに展開するのを見ながら目覚めた。その物語は、ある偽の福音伝道師が若い男の子に触れたことで本当にその悪い足を治してしまい、自分が奇跡を行なったことに戸惑う、というものだった。

ジャナスはベッドから飛び起きると、夫のいる台所へと急いで駆け込んだ。夫にその夢の話をすると、彼は熱っぽく「それは、凄いアイデアだぞ！　それを書くんだよ！」と言った。そして、すぐさまコンピューターをオンにすると、ストーリーがまるで生き物のように独りでに書き進められていくのだった。そういうとき、その脚本が素晴らしいものになるのは疑いなかった。

映画会社がその脚本を買い取り、スティーヴ・マーティン主演による『リープ・オヴ・フェイス』という映画になった。

ジャナスは、夢の中で頻繁にストーリーの筋書きを見る。

「自分の仕事で最高にマジカルな瞬間は、仕事から離れたときにやって来るのよ。夢は、この瞬間を生み出す究極の手段ね」と彼女は言う。

創作に行き詰ったとき、彼女は意識的にその大変な場面を思い浮かべながら眠りに就くようにしている。それから、夢の中でその登場人物が最後までストーリーを演じるのを眺めるのだ。これはジャナスが特別なのではなく、日常的に同じようなテクニックを用いている作家は多い。

ロバート・ルイス・スティーヴンソンは、あの古典的スリラー『ジキル博士とハイド氏』の物語を、夢から引き出したことについてこう記している。

『時折、思考能力を有したあらゆる生き物のこころを圧倒し、それに乗り移ってしまうような強烈な意識を持った別の存在のための乗り物、つまり、からだを見つけること。私はずっと長い間、これをテーマにした物語を書こうとしてきた。丸2日間、私はあらゆるパターンの筋書きを求め、頭を悩ませていた。2日目の夜、私は窓の外の場面を夢に見た。その場面は後《のち》に2つに分かれることになるのだが、夢は犯罪を重ねて追っ手に追われているハイドという人物を映し出し、その追っ手の目の前で粉薬を飲むと変身を遂げたのだった。物語の残りの部分は、目覚めているときに意識的に考え出したものだ』

スティーヴンソンのこの記述から、私は彼がインスピレーションの源である扉を開いたのがわかった。さらに彼は夢の中で驚くべき〝小人たち〟に出会うのだが、その〝小人たち〟は物語の各章のストーリーを1つひとつ指図した上、その当時の文学市場のニーズにも目を向けていたのだ。

スティーヴンソンは自分の意識そのものを、〝小人たち〟のアイデアを文字通り書き写すチャンネルと見なしていた。スティーヴンソンが偉大な芸術を生み出したのは、ほとんどの人たちが近づいたことのなかった内なる領域に旅することができたからだ。しかも、彼は苦労してそれを獲得したのではなく、彼の作品の魂によってそこへ運ばれていった。

霊能力と創造性の潮の満ち干きのようなサイクルはよく似ている。長い間、閃きに見放されたようなときに、無理やり突き進もうとしても無駄だ。これは小休止の期間であり、詩人のリルケは芸術家の道を『永遠が自らの前に横たわっているかのように、忍耐強くいられる者のみが春の嵐のあとに夏を迎えることができる』と言っている。だからと言って、このような停滞期を耐え忍ぶのは容易ではない。

私自身も時折このような経験をする。コンピューターの前に座って書き物をしていても、1ページも先へ進めない。こんなときには、車に飛び乗って海岸線をドライヴするとかの息抜きが必要となる。やがて執筆活動が苦もなく運ぶ時期が訪れる。ほとんど手のほうで追いつくことができないくらい、インスピレーションが豊富に私の中に流れ込んでくる。食事を取るのも忘れてしまうほどだ。

霊能者と芸術家の共通点は、実態のないものを具体的な形に翻訳することだ。これは、小説の形をとったり、絵や歌、あるいは未来を予知する形でやって来る。どういう種類の情報を拾い上げるかは、本人の意志にかかっている。

とは言え、霊的な才能に恵まれながら、そのパワーをうまく活用しきれていない人もいる。つまり、真の霊能力を備えていながら未熟であり、識別力とバランス感覚に欠ける人々のことだ。

これは、致命的な組み合わせと言ってもいいだろう。そして私は、純真で傷つきやすい霊的探求者たちが、よからぬ「師」によって食い物にされるのを何度も目にしてきた。

私自身、最近このような人物に遭遇したばかりだ。

ある晩のことだ。南米出身というとあるシャーマンに首っ丈の友人から電話をもらった。そのシャーマンはあと数日しか滞在しない予定だが、友人なら予約を取り付けることができると言う。私はそのときひどい胃痛に悩まされていて、そのシャーマンがどんな人物なのか確かめてみたいという誘惑もあり、ＯＫした。

ところが、友人からその見料《けんりょう》を聞いて驚いた。しかも、現金払いしか受け付けないとのことだった。私が考え込んでいると、

「彼はね、カルロス・カスタネダの本に出てくるドン・ファンよりもっと凄いんだよ。彼が本物なら金の額なんてどうでもいいんじゃないのかい？」と彼はたたみかけてきた。最初からどうも嫌な感じはしていたが、〝本当にそんなヒーラーがいるのかも知れない〟と私の中のある部分が奇跡的な治癒を期待しているところがあった。

その朝、私は朝食を摂《と》り終えるとすぐブレントウッドの一軒家に向かった。そこでヒーリングが行なわれることになっていたのだ。

この男の人気は大したもので、待合室として使われていた居間は、大勢の人たちで混み合っていた。皆良識ある立派な人たちのように見えた。

〝この人たちがシャーマンにすがっているってわけね〟

私は何だか奇妙な感じに襲われた。

2時間後、やっと私の名が呼ばれた。奥の部屋で鎮座していたシャーマンは、配役サービス会社から雇われてきたとしか思えないほど、シャーマンらしい出で立ちだった。〝これなら大丈夫に違いないわ〟と私は考えた。

彼は会釈して私に挨拶したあと、スペイン語で何か喋った。そばについていた女性通訳が、「あなたの症状は？」と尋ねた。

「ええ。近頃、不安の波が押し寄せてくるんです。ずっとよく眠れないし、ひどい胃痛に悩まされてるんです」と私は率直に答えた。すると、そのシャーマンは私の目を1度として見ることなく、小さな鏡を取り上げ、私の前腕の下でそれを上下に動かし、私の手首をつねった。それから、厳格な面持ちで床のほうを見つめ、頭を振り、スペイン語で何かを小声で呟いた。私に聞き取れたのは、〝ロコ〟という言葉だけだった。

「あの、彼は何と言っているんでしょうか？」私は返答を待ちきれずに聞いた。通訳が悪い知らせを切り出したくない、とばかりに戸惑っている様子だったからだ。そして、答えを聞く前から、すでに私はパニック状態に陥っていた。

「申し訳ありませんが、彼にできることは何もありません」

「一体、どういう意味ですか？」私は、やっとのことで声を絞り出した。

「望みはまったくありません。間もなく、あなたの胃は何も受けつけなくなるでしょう。やせ細って衰弱し、遂には死を迎えるでしょう」

私はひどいショックを受けた。自分を見失い、もうすでに墓の中に一歩足を突っ込んでしまったかのように恐ろしくなった。

「もっと他に何かアドバイスできることはないんですか?」と私は聞いた。すると、そのシャーマンはイライラした様子で私に背を向け、〝夢にお伺いを立ててみなければならないだろう〟と通訳を介して答えた。だがそのとき、突然B級メロドラマの悲劇の主人公だった私が我《われ》に返った。〝自分はなぜこの男の言いなりになっているのだろう? この人たちは恐怖を利用して、私を引っかけようとしている!〟

その場面全体が、お芝居なのがありありと見えた。もちろん、こうなると、私が次に投げかけなければならない質問は、

〝あなたの夢にお伺いを立てて頂くには、あといくらお支払いすればよろしいんでしょうか?〟と尋ねるのがお芝居の筋書きなのであることは、はっきりしていたが、もちろん私はそうしなかった。その代わり、

「あなたは私に会ってたったの5分しか経ってないのに、私が不治の病に侵されていて、しかも、恐ろしい死に方をするって言うのね! 完全に希望を奪ってしまうって訳ね! どうしてそんなに無責任になれるのかしら? もしもそれが本当だとしても、あなたには情けってものがない

の？」と、彼らに猛然と食いかかったのだった。

その家を立ち去りながら、私は不思議に思った。

〝何だって私は待合室での信者たちの雰囲気に飲み込まれてしまい、自分のパワーを一面識もない人物に与えてしまおうとしたのかしら？　こういう妄信的信心には、常日頃から十分警戒していたはずなのに〟

もちろん、その理由は簡単だ。私は辛い状態からすぐにも抜け出したい一心で、赤ん坊のようにトリックに引っかかってしまったのだ。

伝え聞いたところによれば、私のほか2、3人が同じ手口で騙され、信じられない額の治療代を支払ったという。ここに集った人たちの中には、本当に病いが治ったという人たちもいたということだが、彼らが単に暗示にかかりやすいだけだったのか、この男に本物の治療の技術があったのかは定かでない。ただ、確かなことは、恐怖を利用して人々をコントロールするのは良心的ではないということ。そのような行為は、その霊能者がバランスを失っている危険な証拠であり、そのような人物には決して近づいてはならないということだ。

霊能者や霊的指導者の中には、最高の霊的進歩を約束して、弟子たちを食い物にするようなカリスマ性を備えた者もいる。この類いの〝グル（霊的指導者）たち〟は、自分に陶酔し、自責の念というものがまったく見られない。

私はかつて好奇心から、ロサンゼルスを拠点にしている人気者の霊的指導者の講演に参加したことがあった。彼には、女性の弟子たちと性的関係を持ったという、あまりよろしくない評判がつきまとっていたが、それでも講演会場は満杯だった。登場した彼をひと目見るなり、すぐに合点がいった。彼は非常に愉快で魅力的でもあった。そしてカリスマ性に富んでいた。実際、チャーミング過ぎるほどだった。このことから、私はかえって彼を敬遠したが、聴衆との質疑応答から、彼がエネルギーの流れをよく理解している、驚くべき透視者であることがわかった。自分のことばかり考えていながら魅惑的で才能もある。彼の場合、それが渾然一体となっていた。

その講演の夜から間もなくのことだった。彼と信者たちとの性的脱線行為に関する記事が誌面を賑わしたのは。彼は女性信者たちに宝石類や素敵な贈り物を買い与え、高級ホテルでご馳走を振舞った。それから、最後の征服へと移ったのだった。こうして、悟りを約束された多くの女性たちが、彼と性的関係を結ぶに至ったのだが、このうちの多くの信者たちが多額の献金を差し出し、仕事や家族さえも犠牲にしていたという。それに気づいた信者は、彼のもとを離れることになったが、傷ついた彼女たちの社会復帰は大変に厳しいものだった。女誑《たら》しのグルは、そそくさとロサンゼルスを逃げ出した。

セラピスト兼霊能者としての私自身は、自分とリーディングを行なう人たちとの間に、性的なことに関する境界線を維持してきた。というのは、患者の個人的な人生に立ち入ることで、彼らに即席の親密さを抱かせやすいからだ。それに、彼らは霊能者や霊的師が〝何でも答えを知っている〟と勘違いする。その結果、霊能者や霊的師を雲の上の高みへと持ち上げてしまうのだ。これが、自分のパワーを相手に明け渡してしまう一因でもある。

中には、禁欲主義に徹することでこの問題を切り抜ける霊的指導者もいる。その他の指導者たちは、誠実さを試される十字路に立たされることになる。そして、残念なことに、その多くが道を踏み外してしまう。自分を崇拝する弟子たちを目の前に差し出され、その誘惑に屈服してしまうのだ。もちろん、その過ちから学んで本物の指導者となる者もいるが、権力を持ち続けることに貪欲で、真の目的を見失ってしまっている者も存在するのだ。

つまるところ、霊能者も霊的指導者も人間なのだ。彼らがどれほど賢くあろうと、彼らには彼らなりに克服しなければならない問題がある。真に成熟した、技量ある霊能者やヒーラーは、率直で謙虚であり、見料も良心的だ。

患者の中に、コンピューターの神さまと呼ばれる、サムという男がいた。彼の悪い癖は、私を霊能者先生に祭り上げ、自分で努力せずに問題を解決したいと願う点だった。その彼の口癖は、〝ねえ、もうこれっきりですから、教えてくださいよ〟だった。あるとき、私は癪にさわり、「自分で問題をリーディングしてみたらどうかしら?」と熱心に勧めてみた。すると、「どうやったらいいかもわからないし、特別な人だけが霊能者なんですよ」と、お決まりの言い訳で抵抗した。まったく馬鹿げていた。私はサムが好きだったし、彼にその才能があることを知っていたので、断固たる態度で臨んだ。

そして、遂にサム自ら思い切ってリーディングをやってみることになった。次いで、私が彼のリーディングを行なった。こうして、私たちの練習が始まった。私が良く知っている誰かの名前をこころの中で繰り返し、それを彼が読み取るという練習だった。それから、フィードバックを兼ねて、私の回答を出した。この方法で進めるにつれ、次第にサムの中に直観的なイメージがやって来るようになった。

ジョーンは映画監督で、私が長い間診てきた患者さんなのだが、近頃心身に大変な疲れを覚え、映画の撮影スケジュールについていくのが難しい、と電話で訴えてきた。これはジョーンにしては、珍しいことだった。普段ならエネルギーに満ち溢れ、滅多に霊能力に助けを求めるような人間ではなかったからだ。だからこそ、これにはきっと何か原因があるはずだった。

私は彼女のからだをこころに思い描き、ざっとそれに目を走らせてみた。そして、各々の内臓器官を霊視してみた。もしどこかが悪い場合には、その部分が際立って明るく見え、その質感と濃度が変わって見える。それは、シルクのような布に手を滑らせていると、瘤に行き当たる感じに似ている。ジョーンの血液に集中してみると、それが大変薄いのに気がついた。生命維持に必要な必須要素の何かが欠けていたのだ。このことをジョーンに告げると、彼女は大変過密なスケジュールをおして内科診療予約を取った。

その結果、医者はジョーンが重症の貧血状態にあることをつきとめたのだった。

リーディングの結果を告げるときには、本当に慎重を要するものだ。特に、生命を脅かす可能性がある場合、癌やエイズに罹っていることを本人に爆弾を落とすような形で伝えるのは、有害でしかない。それに、霊能者のリーディングが常に正しい、ということもないのだから。

ある未婚の母親が、生まれたばかりの娘のことで、良心的な霊能者にリーディングを依頼したことがあった。その霊能者は、学習障害を持つ可能性があることを明らかにした。これを聞いた母親の衝撃は並たいていではなかった。これこそ、母親が最も知りたくないようなことだったからだ。この場合、その将来の予想がたとえ真実だったとしても、特にこの母親については、単に恐怖を植えつける結果に終わってしまった。

また、ある場合には、こちらの霊視を断念せざるを得ないこともある。招かれざる客が他人の家に立ち入ることがないのと同様、相手がこころを開いていない限り、私がその人物を霊視するようなことは決してない。いざ、霊視しようとして、レンガの壁に突き当たったような感じがしたら、私は引き下がらねばならないのだ。誰かが私に霊視を頼んできたとしても、その当人のこころの内の何かが抵抗している場合もある。そんなとき、私が受け取るイメージは、色褪せた水彩画のようにぼやけているものだ。それを無理やり推し進めようとしても、プライバシーの侵害にしかならない。

バランスのとれた霊能者は、受け取った情報を尊敬の念を持って伝え、いつそれを伝えるべきかを配慮できるものだ。

第11章　霊能者にとっての霊性の道

暗闇の中で見るには、明るさが必要だ
あなた自身の光を使って、その光の源にお帰りなさい。

道徳經

紺碧の午後の空。大地の上を高く舞い上がるように私の魂は高揚し、澄み渡っている。私は夏のそよ風に軽く愛撫され、緩やかに起伏した丘の、豊かで青々とした広がりをじっと見下ろしている。ここには、古くて趣きのあるワイマールのイースト・ジャーマン・ヴィレッジが悠々と横たわっている。そのとき〝ジュディス、急いで！〟と叫んでいる従姉妹のアイリーンの声が聞こえた。私はハッと我に返り、最後にもう一度、目の前の光景を吸収するかのように眺める。ほんの数歩先に待ち受けている恐怖に出会う前に。

1991年夏、私は味気ないコンクリートの道を歩いている。ブッヘンヴァルトの〝死の強制収容所〟に、今まさに足を踏み入れようとしているところなのだ。先の平和な景色と比べると、ここは身震いするほど気味の悪い場所だ。不気味に迫る石の見張り塔には、当時のままの金属製の銃座が見える。私は、平静を保つのが精一杯だ。亡霊がそこら中を歩き回っている。

私は前日、ドイツにやって来たばかりだった。

フランクフルト空港に到着すると、スピーカから流れてくるドイツ語の響きが薄気味悪く、私はそれだけで怖気《おじけ》づいてしまった。理性的に考えれば、ホロコーストが起こったのは半世紀以上も昔のことだとわかっているのだが、私はユダヤ人であると同時に霊能者だったので、本能的にそのように反応してしまったに違いない。つまり、ユダヤ人絶滅の脅威が、私を強く揺さぶったのだ。もちろん、私の周りのドイツ人は皆この上なく好意的だった。なのに、ひとたび何か起きれば、すぐに捕らえられてしまうのではないかという幻想を抱かずにはいられなかった。

子ども時代に、ユダヤ人迫害のことを母に説明してもらったことがある。だがそのときには、これほどその恐怖が現実味を帯びて私に迫ってくることはなかった。今頃になって、私はようやく母の気持ちを理解できるようになったのだ。

従姉妹のアイリーンと合流するため、空港からバヴァリア行きの列車に乗ったときだった。私はつい先ほど顔見知りになったばかりのドイツ人の女医と、スイートロールとコーヒーをご一緒し、他愛もない世間話をしていた。ところが、列車の中から城や野生の草花溢れる、おとぎ話に出てくるような田園地帯に目をやると、この絵のような風景に恐ろしい歴史の残像をはっきり霊視した。私は思わずすくみ上がってしまった。

それでも、何かが私を強制収容所を訪れるように駆り立てるのだった。私は知りたかった。ユダヤ人として自らの過去に光を当てるだけでなく、人間というものが抑制が効かなくなった場合、一体どのような残虐な行為が可能になるのか。そして、その場所がどのようなものだったのかをこの目で確かめてみたかったのだ。

ドイツの米軍基地で英語の教師をしているアイリーンと私の目の前には、有刺鉄線が延々と続いていた。この強制収容所は細部に至るまで、戦争当時のままに保存されていた。

その日は暖かかったというのに、私の震えは止まらなかった。見張り塔の下のアーチを通り抜けると、息苦しい、どんよりとした暗さが迫ってくる。

〝シャワー室〟と呼ばれたガス室、火葬場、〝医学実験〟が行なわれた建物などを、私たちは見て回った。螺旋状の階段を上って、収容者たちが詰め込まれていた荒れ果てた風通しの悪いバラックに入った。この、ほんの一握りの藁で覆われただけの、段差の多い木製の板の上に、人が寝かされていたのだ。1つのベッドに3人もが。ひと部屋に何百人もの人たちが。

私の前を、彼らがサッとかすめて行った。彼らは、この強制収容所内を徘徊しているのだ。私は次第に胸が悪くなり、凍りついたように無感覚になり始めた。本当に恐ろしくなると、私はいつもこんなふうになってしまうのだ。しかし〝闇〟というものの意味をもっとよく理解したい気持ちが勝り、私は本能的にひとりで先へ進んで行った。すると、ずっと奥まったところにある、長方形のセメントでできた土台跡に突き当たった。私はその上に腰掛けた。この場所こそ、公開処刑が執行された現場だったのだ！

私は目を閉じて、胸元できつく腕を組み合わせながら、瞑想状態に入った。それが、私をどこへ連れて行くのかも知らずに。

私のからだは重苦しく、凍りついたままだ。視界の表面のすべてが剥ぎ取られ、その下に広がる暗黒があらわになっていくその恐怖に、私は圧倒される。と同時に、ここで監禁され、闇に飲み込まれていった人々の声や姿が大洪水となって襲ってくる。その闇は私をも徐々に包み込もうとする。そのうち、私はその闇で迷子になってしまった。それまで、私はこれと比べられるほどの悪夢に遭遇したことがなかった。この瞬間、私に残された道はただ1つ！　目を開けてこの場所から逃げ出すことだけだった。そこで、無理やり瞑想状態から目覚め、立ち上がろうとしたのだが、足元がふらついて、思わず冷たいセメントのブロックに両手でしがみついてしまった。とにかく急いでその場から立ち去ったのだった。

☆　☆

強制収容所での記憶は、その後の旧東ヨーロッパ旅行中だけでなく、帰国後数週間経っても私に取り憑いて離れようとしなかった。

この虚無感は、流感にでも罹ったかのようにからだ中に痛みをともなった。もちろん、肉体的に病んでいたわけではなく、強い闇に打ち負かされてしまっていたのだ。〝愛はすべてに勝る〟という私の信念が、今やぐらつき始めていた。この闇には、愛さえも勝ち目がないように思えたのだ。

私は子どものころからその闇の存在に気づいていた。ただ、それは強制収容所の闇よりも遥かに浅いものだった。それは、嵐の晩など、子ども部屋の木の雨戸が風に揺れてガタガタと音を立てるとき。あるいは、誰もいない大きな家でたった一人きりで留守番しているときの薄気味悪さだった。悪霊たちは、遠くから私を怯えさせるだけで、決してその正体を見せたことはない。それは、薄暗い空間に潜んで私を窺っているのだった。

私は、この闇から何とか脱出しようと、海を見下ろすマリブクリーク州立公園の頂《いただ》きに登ることにした。目的地に到着すると、地面は朝日で温められていた。ここは、チュマッシュインディアンによって聖性を保たれてきた土地で、瞑想するにはうってつけの場所だった。私は早速、座るのによさそうな丸くて滑らかな石を見つけ出した。この場所には、確かに安らぎがあった。

胡坐《あぐら》をかいてそこに座ると、私は深呼吸しながら瞑想に入った。ところが、数分と経たないうちに、私はブッヘンヴァルトに連れ戻されていた。再び、あのときの状態を味わうなど冗談じゃないと考えながら、私はその景色の中に沈んでいった。

やはり、あの恐ろしい闇はまだそこに存在し、私の前に広がっていた。だが今回は、自分がこの神聖なチュマッシュ族の土地に守られていると感じていたので、そこから逃げ出したりはしなかった。私は勇気を奮い起こし、その闇に近づいてそっと見てみた。すると、あのときには見落としていたのだが、強制収容所のすべての建物とその場所全体が、微《かす》かながら光の輝きを放っていることに気がついた。そして不思議なことに、その光に焦点を合わせると、それは段々と大きくなっていった。

私は、愛の高まりを感じながら、一心にそれを眺めた。すると私のすぐ目の前で、あっと息を呑むような、光が光を生み出す光景が展開され始めたのだ。その光の輝きは、暗黒のクレヴァスの中さえも貫き通すほどだった。その光は、遂には有刺鉄線の向こうまで広がり、空の彼方へと伸びていった。

それは、筆舌に尽くしがたいほどの荘厳さだった。私はこの光景を二度と忘れないように、また、あのような荒涼とした気持ちに再び陥らないように、その荘厳さを深く吸い込んだ。恐怖に呑み込まれていた間は、私はただ盲目になっていただけなのだ。実は、光は常にそこに存在していたというのに！

強制収容所の体験以来硬直していたからだの筋肉は柔らかさを取り戻し、生命のエネルギーが私の中に溢れ出した。渓谷の斜面に点々と生えるローズマリーと刺激的なセージの香りをあらためて嗅ぎながら、私は本当に生き返ったような気がした。

私が世の闇の意味を探求し始めるようになったのは、そのときからだった。

精神科医であるヴィクトール・フランクルは、『夜と霧』の中で、アウシュヴィッツの収容所で過ごした年月を、こう描写している。

『強制収容所での生活は、肉体的、精神的に最低限を強いられていたにも関わらず、精神的な人生を深めていくことが可能だった。そうでなければ、たくましい収容者たちよりも脆弱な者のほうが、収容所生活をうまく生き延びているように見えたという明確なパラドックスを説明することはできない。人間の救済は愛によって成り、また、愛の中にある。この世に何も持たない者が、たとえそれが短い瞬間だったとしても、彼が愛する人間の面影の中に満たされることで、無上の喜びを知ることができるのを私は理解している。私は人生で初めて、〝天使たちは無限の神の誉れの、永遠の面影の中にあり、幸福である〟という言葉の意味を理解することができたのである』

この中で、フランクルは私たちがどこにいようと愛に根ざした生活を創造することができる、と示唆している。

私には、フランクルが直面したような凄惨極まりない体験をしたことはない。けれども、私なりの様々な体験から、霊能者の霊性の道は光と闇の両方と向き合うことだと信じるに至った。

つまり、人間というものは、光と闇の両方を含んでおり、そのどちらにも傾く可能性があるのだ。そのため、私たちは自分の内部の最も獰猛な悪魔を見極め、それを打ち負かすために内面の探求が要求される。こうすることで、自分の内部の闇の部分を癒すのである。と同時に、自分の中の最も優れたところに目を向け、真の強さをつかまねばならない。これらはすべて、光の源に近づくための作業なのだ。

霊性とは、私たちのこころが高次の力と繋がるということを意味している。しかも、実はそれは常に私たちのすぐ目の前に存在しているのだ――それは、夢やヴィジョンや直観を通して見ることができる。

霊能者であることの利点といえば、ただ単に物事が〝よく見える〟というだけでなく、目にしているものの本当の意味がわかる、ということだろうか。

これは人間の本質である〝知りたい〟という衝動を満足させてくれるものだ。だが、霊能者としての究極の報酬は、私がマリブクリークで目にしたように、闇の中でも信じがたい光を垣間見ることができる、ということだろう。

これは、何も生息できないような冷たく凍《こお》りついた斜面の上に、小さな小さな花が咲き誇っているようなものだ。これこそ、大いなる不思議である。

私たち人間の課題は、どのような状況にあっても――つまり、物事がまったく理不尽に見えるようなときでさえ――その中に光を探し求めるということだろう。

これは確かに苦しい授業に違いない。しかも、人間は闇によって、簡単に催眠術にかけられてしまう傾向にある。闇は、内からも外からもあらゆる形でやって来る。けれども私たちが遂に自分の暗黒面を意識するようになったとき、それに誘い込まれることも少なくなるだろう。これが、〝気づき〟というものなのだ。そして、闇――怒り、精神的苦痛、恐れ、長い間鬱積した怒り、悲しみなど――に向き合うことで、人は自分の魂をダイヤモンドのように研磨することができるのだ。

闇を受け入れるということは、平安を見い出すことにつながる。それは、私たちを自由にしてくれるだけでなく、他人の行動にも影響を与えることになる。

ある夏の日の午後、私は友人と夕食を共にするため、車でチャイナタウンに向かっていた。途中、治安の悪い地域を通り過ぎようとしたときだった。

その日はとても蒸し暑かったので、私は愚かにも窓という窓をすべて全開にしたまま、赤信号で止まってしまった。その瞬間、大男が突然バス停から私の車目がけ突進してきたかと思うと、車のボンネットの上に飛び乗り、まるでトランポリンのようにドスンドスンと飛び跳ね始めた。私が驚いている間もなく、男は太い腕を伸ばして、私の頭をつかもうとした。私はとっさの出来事で、恐怖を感じる暇もなかった。

するとどうだ。大男は両手で私の顔を優しく挟むと、私の目を真っ直ぐに覗き込み、まるで赤ん坊のように愛らしく微笑んだのだ。私も思わず微笑み返してしまった。

そして男は、車を巧みにかわしながら混雑したバス停へと戻っていった。信号が青になると、私は何事もなかったかのように車を発進させた。

あの男は、一体なぜ私を痛めつけるのを止めたのだろう？　頭の中で、その場面を何度も繰り返すうち、その原因が見えてきた。おそらく、私のからだが恐怖を発していなかったから、つまり、まったく怯えていないように見えたからに違いない。護身術のクラスによると、この性質は大変重要な要素だということだが、エネルギーレベルにおいては、答えはもっと深いところにあると私は考えている。

人間は誰でも〝オーラ〟と呼ばれる、からだの外に広がるエネルギー場を放射しているが、それは部分的に感情の状態をも反映している。ある人は、そのことを意識していなくても、知らず知らずのうちにそれを感じ取っている。とりわけ〝怒り〟を感じ取るのは容易なことだ。つまり私が遭遇した、あのような爆発寸前の男のそばを歩くとき、恐れを抱いている人のオーラは、彼を触発してしまうだろう。

私が彼の標的にならずに済んだのは、恐怖をあらわにしなかったからだ。彼が私に微笑んだのは――彼がこのことを意識していたかどうかは別にして――私の平和な内面に反応したためだろう。もちろん、どのようにしても暴力を止められない場合もあるが、穏やかであればあるほど、周りの人にも安らぎをもたらすのは事実である。

人は、自分の内部の暗い面を他人に投影する傾向がある。精神科医として、私はそのような患者を身近に見てきた。そこからわかったのは、自分が最も抵抗を感じる自分自身の性質こそが、他人の上に投影されやすいという点だ。

かつて2年間、私はユダヤ人刑事犯のための〝アルコールと麻薬からの入院回復プログラム〟の医療コンサルタントを務めたことがあった。その余暇奉仕の一部として、私と複数のカウンセラーたちは、囚人たちと一緒にユダヤ教の〝過ぎ越しの祝い〟を祝うために、刑務所を訪ねることになった。私以外の女性カウンセラーたちは、この男性ばかりの刑務所の内部をすっかり心得ていたが、私には何もかもが初めてだった。

その祝いが催されることになっている構内へ私たちを案内してくれたのは、アーノルド・シュワルツェネガーかと見紛《みまご》うような重装備の警備員たちだった。途中、巨大な中庭を通り抜けたとき、その四方の壁を遮《さえぎ》っていたのは、タバコをふかしている何百人という囚人たちだった。私たちは、彼らにとっての最大の呼び物だった。

男たちは、生肉を見るような目つきで、猫の鳴き声を真似て私たちをはやし立てた。そのうち、私の仲間たちの声が次第に遠のき始めた。私はいつの間にかトランス状態へと移行していたらしい。というのは、その間、私はブッヘンヴァルトで見た闇を再び目にしていたからだった――もちろん、このときの闇は、もっと程度の弱いものだったが。だが、私の目に光は映らなかった。おそらく、私が自分のこころを閉ざしてしまっていたからだろう。

祝いの会場に無事到着すると、私は我に返った。そこでは、ラビが青と白のお祝い用のショールをまとい、縁なし帽を被っていた。バスケットにはパン種の入っていないパンが山と積まれ、パン粉や卵と混ぜ合わせた魚のすり身を団子状にまとめ、魚のだし汁で蒸したユダヤ料理が食卓に出されるばかりになっていた。ここに来て、私はやっと息をつくことができた。ところが、私の隣りの席に、長く黒いカーリーヘアをした筋肉隆々の刺青の男が座っているのに気づくや否や、再び気が重くなってしまった。その男は、早速私に話しかけてきた。

「刑務所に来たことはないのかい、えっ?」

「いいえ」私は何とかその男をうまく無視しようと試みた。

「俺はさ、この建物に10年入ってるんだ」

「あら、どうして？」私は、それが何でもないことのように装いながら、礼儀正しく尋ねた。

「俺は、銀行強盗だったんだ。それも一流のな」彼は誇らしげに言った。

「まあ、そうなの！」私は、ひどく感心したという風を装って、そう応えた。

「外の醜《みにく》いゴリラたちを見ただろ？　そうさな。奴らはあんたのような可愛子ちゃんなら、一口で食べちまうだろうな」

何だか、この会話のすべてが馬鹿馬鹿しく思えた途端、2人は同時に噴き出してしまった。実は、彼は類《たぐ》い稀《まれ》な好人物だったのだが、私自身の愚かな先入観からその事実を見抜けなかったのだ。

晩餐の席で、

「刑務所にいるのは、俺の霊的人生を開かせるためだったんだな」と彼が言ったときには心底驚いた。

彼は猛烈な読書家で、釈迦やクリシュナムルティー、ラマーナ・マハリシといった、彼の精神的指導者の話を巧みに会話の中に引用して見せるのだった。彼は毎日瞑想に励んでいた――私が知っている人たちの中でもよく瞑想していたほうだろう――が、最も感銘を受けたのは、人生に対する彼の明るい取り組み方と、あらゆることにユーモアを見い出そうとするその姿勢だった。このようなまったくひどい条件の中でも、彼が自分自身を癒し続けることができたことに、私は驚嘆せざるを得なかった。

〝過ぎ越しの祝い〞の幕が閉じると、私たちは再び正面玄関まで、中庭を通り抜けて帰らねばならなかった。ところが、あの〝彼〞のおかげで闇は打ち砕かれ、青光りするピン先ほどの光の点が現れ出ようとしていた。それは、正しく愛の光だった。ひとたびその一点を認めることができると、それはどんどん大きくなり、明るさを増していった。それは実に不思議な光景で、あちこちで私たちを待ち伏せしている囚人たちが、電球のように明かりを灯すのを、私は畏敬の念を持って眺めたのである。

〝彼〞が、私の恐怖を払拭してくれ、光を〝見る〞力に点火してくれたのだ。

私だって、今とは異なった状況が与えられていたとしたら、罪を犯していたかも知れないのだ。酒屋に押し込み強盗に入ったり、ギャングの一味に加わったり、麻薬捜査の手入れを受けたりしたかも知れないのだ。幸いなことに、そのような捨て鉢な気持ちに陥らせるような状況になかった、というだけだ。

囚人たちと〝塀の外〞の人たちに違いがあるとすれば、それは自分の感情をうまくコントロールでき、実際に破壊的な行動に出るか出ないか、ということだろう。

霊能者の霊性の道とは、自分の投影を認識することでもある。自分の行く手に何か問題が起こったとき、〝ねえ、ちょっと待って。これは自分の投影によって引き起こされてるんじゃないかしら?〞と勇気を持って立ち止まってみることが大切だ。これで、あなたの目の前の出来事が確実に大きく変わってくること請け合いだ。

このように、今現在目の前で起きている出来事を、あなたを反映する鏡として見つめるようになると、〝あなたと私〟〝内と外〟を隔てることがなくなってくる。とはいえ、精神世界は一生涯を通じて追求するものなので、すぐにキリストが姿を顕したり、即席で悟りの境地に至るのを期待するのは無理というものだろう。

私は、ステファン・ミッチェルの著、『イエスによる福音』の中でも、とりわけ唐王朝の禅僧、趙州従《じょしゅうじゅしん》（Joshū Jushin）の魂の旅の物語に感銘を受けた。

趙州従　は僅か17歳にして悟りを開いたのだが、その後40年間、師のもとに留まる道を選んだ。これは、彼が師のことを深く愛していたからだったが、それはとりもなおさず、彼の洞察力をさらに高め、その性質を純化するためでもあった。一方、兄弟僧たちは他の人たちに教えを授けるため、どんどん師のもとを離れていった。そして、趙州従　が遂に80歳に達したとき、彼は準備ができたと感じたのだった。彼はこう言ったという。

〝もし、私が１００歳の老人と出会い、彼に何か教えを授けねばならないとしたら、そうするだろう。そして、もし、８歳の少年と出会い、彼から学ぶことがあるとすれば、私は彼に教えを請うことだろう〟

趙州従　は、こうした並外れた謙虚な哲学を志していたのだが、１２０歳で死を迎えるまで、人々に教えを授け続けたということだ。

もちろん、私たちが霊的な生活を志すにあたり、遥か山奥の禅寺にこもる必要などない。日常生活の中での瞑想や祈りのようなテクニックを通じて、高次の力とのつながりを堅固なものにし、考え方や行動の仕方に愛を優先させることができるようになるからだ。このような姿勢で生きるとき、たとえ上司があなたを不当に扱ったとしても、あるいは、他人が軽率にあなたの感情を傷つけたとしても、それに対して恨みを抱くことが確実に少なくなってくることだろう。

私たちがこの世に人間として生まれたことは、実に尊いことだ。

私がこのことを実感したのは、執筆活動に一心不乱に没頭していた時期だった。

書くことは、私の最も強力な瞑想でもあるのだが、このとき、私は母のことを鮮明に夢に見たことがあった。それは、母が亡くなってからほぼ1年が経とうとしていたころで、自分自身に対して書くことを強く要求してフラストレーションを感じていた時期と重なっていた。母は夢の中でこう言った。

「そんなふうに感情的に物事を感じられるってことが、どんなに幸運なことなのかあなたにはわかってないのね、ジュディス。それこそが、地球上に存在するということの最大の喜びなのよ。私の今いる所じゃ、事情が違うわ。そんな激しさってものが、ここにはないのよ」

私は、母の地上に対する憧憬を思って、悲しさと共に目覚めた。

この地球上では、どんな事柄に対しても、真の情熱をもつことができる。これこそが、私たちが人間であることの大きな意味なのだ。

こんなこともあった。

もう10年以上も前のことになるが、私がブルー・ジョイのワークショップに参加したのがきっかけとなり、私の中を愛が大河のように一気に流れ出したことがあった。それは、永遠に続くかのように思え、私は遂に答えを見出したと喜びに浸っていた。

私は意気高揚して、人里離れた大砂漠から両親の待つカントリークラブへとまっしぐらに運転して戻った。実はそのクラブは、私が昔から苦手な場所の1つだったのだが、あの9月の午後、愛一杯に溢れた私の胸ならきっと大丈夫に違いないと思っていた。だが、到着して数分と経たないうちに、私は以前と同じように惨めなはみ出し者となってしまったのだ。実際のところは、私が自分自身のことを好きになれなかったために、その場所から排除されていると思い込んでいたに過ぎなかったのだが。――そして、この自分を好きになるということは、私の霊的な課題だった。

あの溢れんばかりのエネルギーの流れは永遠には続かなかったし、続くはずもなかった。それは、もし私が修行を続けていけば手に入る、ちょっとした経験の1つに過ぎなかったのだ。これは、いわゆる〝至高体験〟と呼ばれるものだ。

この状態にあるとき、人は文字通りすべてが輝いていると感じるものだ。動物、植物、台所の鍋釜までもが、その光を放っているように見えるかもしれない。あるいは、宇宙との一体感に、恍惚《こうこつ》となるような喜びを感じるかも知れない。それほど、このエネルギーは強力なものだ。

1986年、私は霊性を高める女性だけのワークショップに参加するため、ハワイのカウアイ島の北海岸で2週間を過ごしたことがあった。3日間の沈黙と断食に先立つ集中瞑想のクラスのあとで、私は夕焼けを見に青々としたジャングルを通り抜け、海辺へと歩いていった。

よい香りを放つプルメリアの木を見つけると、私はその幹にもたれた。空気は暖かくしっとりとした水気を含み、軽やかな風が辺りをそよいでいた。プルメリアの葉とその紫色の花々が揺れる様《さま》は、まるで羽が私に手招きしているかのように見えた。そのときだった。私は突如として性的興奮の高まりを感じ始めた。その熱い波は、皮膚の表面からからだの内部へと脈打ち始め、脊柱を通って頭皮へと向かって流れて行き、生殖器、足先へと降りていったのだ。

もし、ここで動いたり、何が起こっているかを分析し始めれば、それが止んでしまうのではないかと思い、私は背中をぴったりと幹につけたままじっとしていた。すると、私は一気にオーガズムへと達した。

それが止むと、私はひんやりとした地面の上に横になり、星々が瞬《またた》く空を見つめた。刺々しかった気分は和らぎ、私のすべてが生き生きと脈動するのを感じていた。医者になってからというもの、あまりの多忙さに私は自分がからだを持っていたことさえ忘れ、仕事を適切にこなさねばならないという強迫観念に囚われ続けていたのだ。だがこのとてつもない体験が、私本来の自由な魂を犠牲にしていたことを思い出させてくれたのである。

それまで、私は常に自分が女であることを意識させてくれるような、情熱的な男性と交際してきた。というのは、私には女らしさが足りず、暖か味に欠けると感じていたからだった。でもこのとき、誰かに頼らずとも、このような性的衝動が自分自身の中に存在しているのを発見したのは、本当に驚きだった。

しかしこれもまた、束の間の〝至高体験〟の1つに過ぎない。私たちが魂の修行を続けていくと、このような様々な体験がやって来ては消えていく。このとき、その体験にこだわっていると、その先の姿が見えなくなってしまう。

〝至高体験〟に幻惑されるのはいとも簡単だ。私の友人などは、瞑想を始めてから僅か3ヶ月にして、華々しいヴィジョンを見るようになった。

彼は自分のからだを抜け出し、その上を高く飛び上がり、自分のからだを見下ろしたと喜んだ。その後も、自分を見失ってしまうほど大変印象深い体験が断続的にやって来たが、ある日、まったく唐突に止んでしまったのだ。彼のそのときの落ち込みようといったら！　彼の精神的師は、その様子を見てこう言ったという。

「どんな体験にも価値があります。そのまま瞑想をお続けなさい」と。

彼の話は、それがどんなに劇的な体験であっても、それに固執すべきでないことを教えてくれている。〝至高体験〟とは、魂の旅の単なる輝かしい側面であって、それは霊的な達成の証ではないのだ。

ステファン・レヴァインの『緩やかな気づき』の中に、私の好きな次のような言葉がある。

『悟りとは自由である。だが、悟りという考え自体は独房だ』

あなたが、どれだけ凄い体験をしたか、あるいはどれだけ進歩したかに囚われるようになった途端、自我はあなたを元々の学びのコースから振り落としてしまうのである。

霊的な洞察がいつやって来るのか、私たちにはわからない。でも、はっきり言えるのは、どんなときにも霊的に開かれているように日々努力することに尽きる。後は、天に任せることだ。

私の場合、もう一歩も先へは進めない、と観念せざるを得ないような最悪のときに、霊的なことが実現したり、ヴィジョンを見たりする傾向にあるようだ。

ある晩、私はコカインを過量摂取した患者を診るため、セント・ジョン病院の駐車場に車を乗り入れようとした。ところが、駐車場は満杯状態で、私は入り口の待機所で待たされ、イライラが高じていた。〝もう、こんなのはウンザリだわっ！〟と私は呟いていた――それは、ちょうど母が病気にかかっていたころのことで、私は落胆し、疲れ切っていた――他人のために使うエネルギーは、もう一滴さえも残っていなかった。それでも、何とか運転席の上でジーンズから仕事着に着替え、再び〝医者〟に変身したのだった。こんな状態では、〝霊性〟もへったくれもなかった。からだは鉛のように重く、私はほんのいっとき、ハンドルの上に腕を交差させて、そこへ頭を乗せた。すると、私は瞬く間に別の次元へと押し流されて行った。

そこは、果てしない透明な空間で、私の横には〝私を完全な愛で包んでくれる存在〟がいた。

それは人間ではなかった。一見したところ、よく子どもが絵に描くような棒の形に過ぎなかったが、どういうわけか、その存在が私にとって非常に重要な存在であるのがわかった。

その存在と私は、そこから小さな点と化した地球を下に眺めていた。そして目の前で、私の人生とそれに関わったすべての人たち、場所、出来事を、ほんの一瞬で再演してみせてくれたのだ。私にとって、その1つひとつの出来事がどれほど意味ある出来事であろうと、そのときのまわりの広大さに比べれば、そのすべてが小さなことに過ぎなかった。

そこには、始まりも終わりもなく、ただ私たちすべてがつながっているという事実があるのみだった。そのことに気づかされた私は、それまでの物の見方が一変し、私の中に再び力強いエネルギーが湧き上がってくるのを感じたのだった。

それ以来、落ち込んだときには、このときの光景を思い出し、自分の心の小さな枠から自由になるよう努めるようになった。もちろん、どんなに素晴らしい体験も本質的にはすぐに消えいくものなのだが、これらは自分を励まし、こころの糧とするための神さまのちょっとした贈り物なのだ、と私は考えている。

世界には、マチュピチュ、ストーンヘンジ、エジプトの大ピラミッド、イースター島の巨大石像などのように、エネルギースポットと呼ばれる場所が存在する。エネルギーは、土の中、風景の中、建造物の中に深く留められ、あたかもマイクロチップの中に情報が記憶されているかのように、その土地の歴史を蓄えているのである。こういう場所を訪ねると、霊的に貴重な発見があるはずだ。

数年前、私はエルサレムの〝嘆きの壁〟を訪ねたことがあった。そこは大変な聖地で、様々な宗教に属する人たちが、世界中から巡礼に訪れる。ユダヤ人にとって、この〝壁〟は特に神聖なものだ。先祖伝来のエルサレムの寺院は、ユダヤ人が国外追放を余儀なくされた紀元70年に破壊され尽くされた。ユダヤ人はその遺跡である〝壁〟で涙を流し、祖国喪失の起源を嘆くためにその地を旅するのだ。

しかも、その〝壁〟は単なる歴史的記念碑なのではない。多くのユダヤ人は、その〝壁〟を、神聖な感情を自らの肉体を通じて確認するためのもの、と見なしている。

その壁際には、頭に目立たない色のショールを被った、少なくとも100人以上の女性たちが声を張り上げながら、激しく泣き叫んでいた――その〝壁〟には、男女別々の嘆き場所が設けられている。

ゆっくりとその〝壁〟に近づくにつれ、私は悲しみの渦に飲み込まれていく気がしてならなかった。私はしきたりに習って、2つの巨大な金茶色の石と石の割れ目に、きちんと折りたたんだ祈りの言葉を書いた紙を挟み込んだ。すると、私はそこで泣くつもりなどなかったのに、突然泣き出したい気分に襲われたのだった。まわりでは、催眠状態で唱える呪文のような、女性たちの呻き声が渦巻いていた。

私のからだはコントロールを失って震え始め、私個人が過去に味わってきた喪失の数々の記憶が、一気に波のように甦ってきた。それらは些細な落胆であったり、祖父の死であったり、恋人との別れであった。

私の涙は止まらなかった。そして、遂には弾みがついたかのように、自分のためだけではなく、家族や友人のため、国難やあらゆる不正を思って泣いていた。最後には、ただ泣くために泣いていた。この〝泣く〟という途方もない解放感の中で、私は完全に自由になった。悲劇が感情を浄化し、絶望が私を洗い清めたのだった。こうして、私の涙とまわりの女たちの涙は1つに溶け合わさったのである。

ハッと気がついてみると、空はいつの間にか暗くなり始めていた。近くのモスクから、イスラム教の夕べの祈りが町中に響き渡るのが聞こえた。時計台を見上げると、ほんの数分だけここにいる予定だったのが、何と2時間も経過していたことに、私は呆然となった。

いにしえの町、エルサレムはきらきらと輝いていた。太陽の光の最後の一筋が、曲がりくねった石畳の道に反射していた。私は溢れんばかりの元気が湧き上がってくるのを感じながら、ホテルへと歩いて帰ったのを覚えている。

エルサレムから帰国し、私はあのときのこころからの結びつき、一体感がどこからやって来たのだろう、と考えていた。その結果、おそらく〝嘆きの壁〟そのものが、エネルギーを発していたためだろうという結論に至った。つまり、そのエネルギーは、何世紀もの間、悲しむためにやって来た巡礼者たちによって増幅されたエネルギーなのだ。それは、たとえ霊能者でなくとも、その牽引力を感じずにはいられないほど凄まじいものだった。

私たちが精神世界の旅をたゆまず続けていけば、いつしか他人の中にも、さらには地球上で最も闇の深い場所においてさえも、愛の存在に気づくようになるだろう。それは、日々の出来事に一喜一憂しながらも、より慈悲深く、大きなこころを持った人間となるための自己鍛錬の旅なのだ。

霊能者であることの意味は、ただ単に未来を覗く力がある、というだけに留まらない。人生には愛が待ちうけ、すべての事柄には目的があるということを、自分自身のみならず、まわりの人々にも知らせることにある。

ともあれ、私たちは今日も一歩一歩この愛の道を歩んで行かなければならない。愛は、私たちをより豊かで気づきに満ちた未来を生み出す魔法の薬なのだ。

第12章　贈り物に敬意を払う

夜明けにたった一人で
中空の月を眺めていると
私は完全に自らを悟った
何一つ余すところなく

和泉式部（974〜1034）

本書は、私が霊能力を受け入れるまでの格闘の物語である。そして今では、自分に授けられた霊能力を、素晴らしい贈り物として敬意を払うまでになった。

世の中は、激しい勢いで変わりつつある。そして、実に多くの人たちが、人生に〝何か〟が欠けていることに気づいている。それが、物質的なものでないことは確かだ。人々は、根源的な〝何か〟とつながり、1つになることを求めているのだ。だからこそ、多くの人たちが今、精神世界を探求し始めたのである。

霊能力もその1つだ。20、30年前には、科学では説明のつかない分野が日常的なトーク番組で放映されることなどあり得なかった。しかし今では、メディアもこの主題を真面目に取り上げる努力を払っているだけでなく、世界中の人たちが自分の霊的体験を、勇気を持って語り始めている。

私たちは、決して一人ぽっちではない。私は、最近人気テレビ番組のモーニングショーに出演する機会に恵まれたのだが、その反響の大きさに改めて驚かされた。視聴者からの山のような手紙がプロデューサーの元に送られてきたからなのだが、その中には私自身が書いたのではないかと錯覚を起こさせるような、お馴染みの質問がしたためられていた。

ミシガン州、シャルヴォア（人口3、100人）出身のヴィッキー・Fは、

「学生時代、私は友人たちから〝おかしい〟と思われていたので、自分の気持ちを押し隠すことを学んだんです。誰か私を助けて！」と書いてきた。

西テキサスの石油の町、ビッグ・スプリングス在住のテレサはこう言っていた。

「誰かの家に招かれるたび、私は神経過敏になってしまうんです。だって、そこが暴力に満ちた家庭か、温かい家庭かがわかってしまうから。私は混乱してるだけなのか、直感的なのか。あなたにこの手紙を書いているのは、どこに相談したらよいのかわからないからなんです」

そして、アラスカの小さな漁村であるホーマー在住のヴィッキー・Gは、9歳のころの私を彷彿とさせた。

「祖父は亡くなる時、私に〝さよなら〟を言いにやって来ました。私は決してそのことを忘れは

しないでしょう。人が、これを聞いて私のことを変だと思うのが怖いんです」

この女性たちと、その他3名がこのショーのゲストとして選ばれ、はるばる遠方から飛行機でやって来ることになった。私は、彼女たちに手を差し伸べられる理想的な立場にあることが嬉しかった。これまでに私が授かった知識を悩める人たちに伝えられるのは本当に光栄だった。

録画撮りをする予定になっていた当日の午後、私たちはプロデューサーの要望で、2、3時間早めに顔合わせすることになり、待合室を兼ねた豊富なメニューの揃ったビュッフェに集まった。そこで――彼女たちはそれぞれが様々な経歴の持ち主だったが――ひとりずつ順番に各人の物語を詳しく語り始めた。ある者は控えめに、またある者は言いたいことが言葉に追いつかないほどだった。

私は、彼女たちにすぐに共感を覚えた。というのは、皆が皆、かつての私と大変に似通った経験を持っていたからだった。そして全員がこれまで一度もその経験を――親しい友人や家族にさえも――打ち明けることができなかったのだ。私は、その場で質問攻めにあった。

「そもそも、どうして私が予知なんかをすることになったんでしょう?」

「一体なぜ私に従姉妹が死ぬのがわかったんでしょうか?　私にはそれを防ぐことができたんでしょうか?」

「あなたは、こういったことに慣れてるんですか?」

「怖くないんですか?」などなど。

そして、私が自分の物語を語って聞かせると、彼女たちが徐々にリラックスしていくのがわかった。

　このとき、私が自信を持って彼女たちにアドバイスできたのは、霊能力に対する自分の恐怖を克服した経緯があるからだった。そして、このときほど、自分が精神科医であることに感謝したことはない。西洋文化においては、未だに人々が顔をしかめるような領域で発言するには、医者としての資格が大いに役立つことを今さらながら思い知らされたのである。

　彼女たちにとって最も辛かったのは、死、事故、病気などの悲劇が起きる前に、それを感知し続けてきたこと。しかも、その惨事を防ごうとした彼女たちの試みは、達せられることがなかったという事実だった。

　霊能者の入り口に立つ人々が悪い情報だけを受け取りやすいのは、単にその種の情報が目立つからだ、というのは以前にも述べたと思う。そして、霊能者としての訓練を積むにつれ、あらゆる情報に対して開かれていき、良い情報も受け取れるようになるのが一般的だ。大切な点は、それらの情報を受け取ったとしても――たとえ、そこに介入するのが可能だとしても――それに対して何らかの行動を起こさなければならないといった責任はない、ということだ。当然のことながら、彼女たちにこの点を受け入れてもらうのは、なかなか難しかった。というのは、不幸な出来事から逃れたい、逃れさせたい、という人々の衝動は大変に強いからだ。それが防げなかったことに対する罪悪感を払拭するには、自己責任の限界を認識することが大切だ。

現在、（特に大都市で）手に入る精神世界の参考書の数はかつてないほど豊富であり、書店や図書館は魔法の場所として存在するようになった。これらの本を読むだけでも、実際にこの世界へ飛び込んでみようという好奇心に火をつけ、大きな進歩をもたらしてくれる助けになることだろう。私自身も、形而上学的な内容を扱う近所の書店によく足を運ぶ。椅子に座りながら――アメリカの大書店には、〝座り読み〟するための椅子が設けられているのだ！――最新の情報に触れるため、何時間もページをめくるのである。

しかしながら、もしあなたが田舎に住んでいるとしたら、これらの貴重な情報に常に接するのは容易なことではないだろう。テレビで一緒になった先の女性のひとりが、このような書店を探すには100キロも行かねばならない、と聞いたときには本当にびっくりした。その彼女の住む町の小さな書店は、精神世界に関する本を扱わないようにしているそうだ。というのは、それらが今なお〝奇異〟で〝いかがわしいもの〟と評価されているからだ。

私は、あなたがこの物語の一部に触れ、精神世界の旅に出ることを願って止まない。この旅には多くの課題が散りばめられ、常に変化し続けている。私たちの学びには限界がないというわけだ。

近頃では、霊能力は警察の犯罪捜査にも利用されるようになってきている。また、ビジネスリーダーたちも、直観が仕事にとってどれほど不可欠であるかを認識している。健康に携わる専門家たちも、霊能力を取り入れつつある。

このように、霊能力は人生のあらゆる要素を活性化させる創造的な影響力を持っているのだが、まず、手始めとしては、家庭内で霊能力を活用するのが最も良策だろう。

たとえば、私の友人のスーザンは、妊娠前に直観が働いた女性だ。

ある日、彼女は自宅でディナー・パーティーの準備に追われていた。こころの中は、そのことで一杯だったが、そんなとき、ある直観が突然やって来たのだった。

「1つの魂が、〝生まれ出たい〟って言ってきたのよ！」と彼女は説明した。

その夜の客が帰った後、スーザンは夫に何が起きたかを伝えた。そのときは、2人が結婚してから2、3年目のことで、まだ子どももいなかった。だがこのときほど、子どもを持つのに最適な時期だと感じたことはなかったという。そして、この強烈な直感が、2人を子作りに挑戦させることになったのだった。

ある朝、スーザンが目覚めてみると、その日が妊娠する日だとの確信があったらしい。実際その数週間後、彼女が妊娠していることが判明したのだが、彼女の直観は正しかったわけだ。このようなわけで、スーザンは直観というものを生活の一部として、実に自然なことだと認識している。このような母親から生まれた子どもが霊能者なら、世の中はどれほど変わっていくことだろう。自分の持つ霊能力を咎《おとし》められたり、批判されたりする代わりに、喜びを感じながらその才能を表現できるとしたら？

私は最近、ローラという母親と知り合いになる機会があった。彼女には悩みがあったのだが、それは10歳になる娘のケイトに〝オーラ〟と〝小さな光のボール〟が物凄いスピードで動いているのが見えるということだった。

「娘には年中それが見えるらしいの。家でも、学校でも、ショッピング・センターでも。飼い犬はもちろん、自分のまわりにも見えるのよ」

ローラは途方に暮れていた。特に夜になるとこの現象が強くなるので、ケイトは暗闇に対して怯えるようになってしまったのだという。

ローラ自身は霊的なことを体験したことがなかったが、娘のケイトのこの能力を一種の〝才能〟として捉えていた。そんなローラの願いは、娘の恐怖を取り払い、その神経症のような症状を何とかしたいということだった。

ケイトはそばかすのある、茶色い目をした可愛い女の子で、とても賢かった。私は母娘と一緒に座り、2人の訴えを聞いた。ケイトはとにかく知りたがっていた。今、彼女に起こっていることが、何か悪いことなのか、ということを。

「ねえ、赤はどういう意味なの?」と彼女は聞いた。

「どうして、ある人のからだのまわりは紫色で、ある人のは緑色なの?」

「はっきりしたことはわからないけど、ずっと昔からあなたのように〝色〟が見える人たちがいたことは確かよ。たとえば、ある人が緑色を一杯出しているときはね、愛があって温かいとか。黄色は論理的で頭がいいとか。赤は怒りや痛み、情熱の色とかね。紫は霊的な人に多いの。それに創造性とよく結びついてるのよ」

ローラとケイト母娘の悩みは深かったので、その日だけで十分に理解してもらうには時間が足りなかった。とはいえ、2人は遠方のモンタナからたびたびこちらまで出向いてくるわけにもいかなかった。それでも、ケイトが自分以外の霊能者に初めて出会い、霊能力に関する何らかの見解を得たことは意味があっただろう。

霊能力を持った子どもとしての自らの体験から、ケイトの不安が別の次元のすぐ縁に立っていることに根ざしているのはよくわかっていた。〝知らない〟ということが彼女を怖がらせているのだ。だからと言って、この能力を押しつぶしても、また新たな問題を生み出すことにつながるだけだろう。ケイトがいつの日か霊能力と調和して、それを人生で活用できるようになる日が来るように、私はローラに地域のヒーリングセンターに連絡を取るよう勧めることにした。

友人のステファン・シュワルツが語ってくれたことによれば、彼はヴァージニアの9歳児と10歳児のサマーキャンプに招かれ、彼自身の考案したゲームで、子どもたちに直観やからだのエネルギーについて理解を深めてもらったと言う。

そのゲームは、子どもたち同士の放つエネルギーの色を見て、その日の色が何色かを調べる、というものだった。それから、それぞれの子どもにどんな気持ちがするかを尋ね、色と感情を対応させる訓練を積ませていったのだった。そのうち子どもたちにとって、エネルギーを感じ取ることはまったく自然なものになっていったという。

あなただって、同様のゲームをお子さんたちと楽しむことができる。

お互いに向き合って目を閉じ、イメージを送ったり受け取ったりのキャッチボールを行なう。送り手は、ある特定の数字、果物、あるいはお互いがよく知っている人物などのように、はっきりと限定したイメージを思い浮かべるようにするのがコツだ。それから、受け手が正しいかどうかのフィードバックに移る。そのときは、褒めながら評価することをお忘れなく。

この点で、理解ある親となるためには、単に霊能力に寛容なだけでは十分でない。つまり、お子さんの丸ごとすべてを抱きしめてあげることが大切なのは、もちろんのことだ。

子どもたちが、自分という存在を完全に受け入れられているという安心感と共に育つとき、子どもたちの能力は伸びていくからだ。お互いの素晴らしい点に目を向けることによって、家族は平和な小宇宙となるだろう。ひいては、より調和の取れた幸せな社会を築いていくことにつながるに違いない。

皆さんは旧約聖書の『創世記』に伝えられている『ソドムとゴモラ』の物語をご存知だと思う。これは、犯罪に満ちたこの町に、〝わずか10人だけでも善いこころを持った人が住んでいるなら、この町を救って欲しい〟とのアブラハムの願いを、神がお受け入れになったという物語だ。ところが、そのわずか10人でさえ見つからなかったために、ソドムとゴモラは破壊されてしまう。しかしながら、私がこころ打たれたのは、ほんのわずかな人間だけで、その町が救われることになる、という点だ。つまり、わずか10人の肯定的な意識があれば、十分に堕落に打ち勝つことができるだけでなく、世界を変えることができるということを、この物語は暗示している。

ビジネスにも益々霊能力の価値が取り上げられ、それが実際に利用されるのを目にするのは、喜ばしい限りだ。

交渉時に直観を利用すると認めている弁護士のことを私は知っているし、管理職に就いている多くの人たちが、マネジメントや決断、経済予測、それに困難な状況が発生する前にそれを突き止めるのに直観を利用している。合衆国だけでも、1千人以上のコンサルタントたちが優れた業績をあげている企業に雇われ、社員に直観のトレーニングを指導している。スタンフォード大学のビジネス科の大学院にさえ、直観が戦略的技術である、と教えるコースが設けられているほどだ。

中でも、アメリカ北西部の国立森林局職員として働く、一人の女性職員の話は大変に興味深いものだった。

彼女のポジションは〝直感を用いるコンサルタント〟で、その役割は土地利用に関して政府の役人とアメリカ原住民の間の橋渡しをすることだった。彼女が介入する前は、この両者は真っ向から対立していた。この状況を打開するために、彼女は4日間の〝籠《こ》もりの業〟を企画した。それは、スウェットロッジやパウワウなどのアメリカインディアンの儀式を取り入れたもので、原住民のこころの奥深いところにある感情を、公園を管理する役人たちが理解できるように手を差し伸べるためのものだった。その4日間の〝籠もりの業〟を終え、原住民と役人は、一様に心からお互いの言い分を聞いてもらい、妥協点を見出したと感じるようになったという。

30代半ばの若さでタレント事務所を経営するピーターは、元々は患者さんとして私の診療所に通ってきていたのだが、今では、自分の仕事に霊能力を見事に応用するまでになった。その一例は、彼がスタジオ側との映画交渉で、暗礁に乗り上げたときのことだった。その原因は、スタジオ側の重役がピーターに対して受け入れがたい条件を持ち出してきたことによる。ピーターはひどく腹を立て、危うくその大取引きを投げ打ってしまうところだったのだ。そこで、私は夢にアドバイスを求めるよう、彼に強く勧めた。

その夜、夢にお願いしてから眠りに就いたピーターは、スタジオの重役が熱気球に乗って陽気に浮かんでいる夢を見た。この男は、ちっぽけな張り子のヘリコプターをピーターに向けて放ったという。地上では、軍服を着たピーターが武装した連隊を率いて銃砲で応戦していた。ピーターはそのヘリコプターが紙でできているとも知らず、発砲を続けた。ところが、それはヘリコプターに命中しないどころか、ブーメランのように戻ってきて、彼の軍隊に致命的なダメージを与えたのだ。

夢から目覚めたピーターは、重役の条件はハッタリに過ぎず、ピーターがそれに過剰に反応すれば、大損害を被るということだと理解した。そこで、彼はスタジオ側の条件に冷静に対応し、大変有利な取引きを事務所にもたらすことができたのである。

精神科医としての私の長い年月にとって、病院は事実上、私の第二の家でもあった。私はその優れた面に大きな敬意を払っている一方で、私が願っているような、科学と霊性が手と手を携える未来が本当に訪れるには、まだまだ多くの変化が必要だということも知っている。

それには、他の文化圏から多くを学ぶことも必要だ。

今日の中国では、患者たちには選択の自由がある。つまり、そこには西洋と東洋の医学が共存しているということだ。大病院の待合室は、一方の窓口では現代薬を調合し、もう一方では漢方薬を調合しているというように。

私のお世話になっている鍼灸師のダオは、中国伝統医学の師であり、医者でもある。彼は生徒たちにバランスのとれた施術士になるには、霊的、霊能的、肉体的に成長しなければならない、と教えている。注目すべきは、ダオが中国伝統医として38代続く家系にあるということだ。彼の父は傑出した技術を持った上、霊能力も備えていたため、〝神針〟として崇められていたという。ダオ自身が決して忘れることのできない光景は、父がある患者の症状を、その人を診ずに足音だけで診断したのを初めて目の当たりにしたときだったそうだ。それは真の名医の証しだった。

中国の医療現場だけが、直感的診断や霊能治療で占められているわけではない。

イギリスを旅した私は、ヒーラーたちが正統な扱いを受け始めているのを見て、嬉しい驚きを覚えたものだ。彼らの仕事はゆっくりとではあるが、確実に広がっている。一部のヒーラーたちは、正に活躍の中心となり、心臓治療室や癌病棟にスタッフとして参加し、病いを治療し、痛みを和《やわ》らげるために手を使ったヒーリングを行なっている。その他のヒーラーたちは、個人病院に雇われている。

それと同様に印象的だったのは、厚生省が彼らの仕事に対して給料を支払っているということだ。これは、ヒーラーたちが無視できない力として台頭してきた証拠でもある。事実、彼らは実際に専門の組織を作り、決められた見習い期間を勤め、霊能力のレベルが一定水準を満たしている場合にのみ、そのメンバーとして認められることになっている。

チャールズ王子やその他の王族のメンバーでさえ、代替医療に寄付を行ない、それを支えていることでつとに有名だ。

私の友人がロンドンでホメオパシー（同毒療法）の風邪薬を買い求めた際、その瓶には〝エリザベス2世御用達〟とのスタンプが貼ってあったそうだ。これは、女王がパトロンであることを示している。このイギリスにおける斬新なヘルスケアに対する姿勢は、私を楽観的にしてくれたものだ。

もし、ヒーリングと霊能力がアメリカにおいてもイギリスと同じ精神で取り組まれたとしたら、どんなに素晴らしいだろう。しかしながら、アメリカでもそれなりの進歩は見られるようになってきている。〝合衆国健康協会〟の代替療法のオフィスは新しく設立されたばかりで、まだ初期の段階にあるのだが、食事療法、栄養管理から、こころとからだのコントロールまでを含めたあらゆる観点から精力的なセラピーを行なっている。

また〝こころとからだの調停委員会〟は、霊的な癒しと祈りの医療への導入の結果を調査しているところなのだが、政府代理機関がこの後ろ盾となっているという事実は、私にとって奇跡意外の何ものでもない。

さらに、〝合衆国健康協会〟から資金を提供されているセラピューティック・タッチ――これは手かざし療法の分流でもあるのだが――のプロジェクトはとりわけ興味深いものだ。セラピューティック・タッチは、看護婦であるドロレス・クリーガーによって開発され、現在、合衆国では3万人の看護婦・看護士たちとその他のヘルスケア提供者たちによって、最も広く行なわれているヒーリングだ――これは、輝く太陽のようなエネルギーをイメージしながら、体から数センチ離れたところから手をかざす行為である。

しかしながら、このセラピューティック・タッチの話題が持ち上がるときには、決して霊能ヒーリングについて言及されることはない。というのは、これは〝霊能力〟という言葉が、主流医学によって排斥されてきた表れで、結局、その言葉の響きが問題なのだ。

たとえその行為そのものが、霊能ヒーリングと同じことだとしても、〝セラピューティック・タッチ〟なら、医療社会全体にとっても〝聞こえがよい〟というわけだ。しかし、それも致し方ないことなのかも知れない。なぜなら私自身、この本の執筆中、読者の方々に感じの悪いバイブレーションを与えないように、言葉を選んでいたのだから。そこで、私は条件付きで、〝霊能力〟と〝直観〟を交互に使ってきたのである。まあ、〝直観〟という言葉のほうが、随分と曖昧な表現だとは思うのだが。

とにかく、セラピューティック・タッチに関する限り、たいていの施術士たちはどんな霊能的なコメントにも関わらないように用心しているのは確かだが、これは私の好むやり方ではない。

私たちの健康を守るためには、日常的にからだのエネルギーの微妙な変化に注意を払うことが大切で、〝何かおかしい〟とか〝大丈夫〟だと感じ取る直観を養うことだ。もちろん、医者の助言も大切にしたい。そのためにも良い医者――彼らが、霊能力の完全なる信奉者である必要はないが、もしそうならば、理想的――を見つけたい。だが、少なくともあなたの言葉に敬意を払い、それを真面目に受け取ってくれる医者でなければならない。

私は、診療所にヒーラーをスタッフとして加えている、ある高名な婦人科医を知っている。彼女は患者の健康状態を診るのに、初期診療の一部として直感を用いた療法を取り入れている。ちょうど私がそうしているように、患者のからだに感情移入して同化し、各臓器に集中する。そして、その疾病の源に照準を合わせるのだ。ときには、実際に身体的症状が現われる前に、はっきりとその原因を突き止めることもあるそうだ。それに加え、彼女は手技を使ったヒーリングも行なっている。

霊能診断は、不可解なミステリーではない。これは、医学部が標準的なカリキュラムの一部として教授することも可能な診断法なのだ。つまり、患者の心音や肺音を聴くことや内臓の外形を触診することに加え、生徒たちは直感を用いて臓器を感じ取ることを学ぶことができるのである。

医者としての大きな特典の1つは、やはり人体の生身の解剖図を実際に見せられてきたことだろう。そのことで想像力が養われてきた。私は学生時代、患者の胸の中で血管の迷路が脈打ちながら心臓につながっている様を見た。その体験が、私が患者の内臓を霊視するとき、各臓器が発するエネルギー、その滑らかさ、湿り気、温かさに濡れて光っている光景となって現れる。私の夢は、医者が霊能診断にも挑戦するようになり、人間すべてが有している根源的な直観と医学とが結びつくことだ。

多くの人々が私に向かって言う。

「あなたが精神科医で霊能者だなんて信じられないわ。なんて珍しい取り合わせなのかしら！」と。しかし、医者が薬だけでなく、霊能エネルギーも使って患者を癒すことができるとしても、それは人間として本来自然なことなのだ。

私はほんの数週間前、自分の生涯の課題を与えられたばかりのところだ。

ある有名大学が、主として30代の人たちに発症する、進行性の神経障害である多重硬化症（MS）の治療法を探し出すため、霊能力――この場合遠隔透視――を用いた研究をモビアス・グループに依頼した。モビアスは、18名から成る様々な経歴を持った霊能者チームを結成し、私も遠隔透視に参加することになっている。これは正に私が待ち望んでいたプロジェクトで、計り知れないほど多くの人たちに好影響をおよぼすことができる可能性を秘めた、医学と霊能力の結合の1つのあり方に違いない。

テクノロジーや知性を超え、今、人間は肉体的にも霊的にも癒されることを望んでいる。これは、医学が絶え間ない進歩を遂げ続けるとしても、それが霊性との調和と共に発達していかなければならないことを暗示している。とはいっても、医学がヒーリングの基本的要素である〝愛〟に根ざした医療を取り入れるまでは実現が難しいだろう。なぜなら、真のヒーラーとなるためには、医者自身が聖なる源とつながり、自らの魂を生き生きと蘇らせる必要があるからだ。

☆　☆

このところ、私は直観が恐怖を払拭するのにどれほど役立つかを益々実感するようになった。

ここ数年、私は〝霊能力リサーチ・プロジェクト〟なるものを、キャサリンという女性と一緒に計画してきた。実際、彼女以上に手腕があり、献身的な女性は他に見当たらなかったし、彼女ならきっとこのプロジェクトの完成まで付き合ってくれるものと信じて疑わなかった。

そんな中、私はある夢を見た。それは、キャサリンと私が、とあるホテルの一室でこのプロジェクトについて激しく口論している場面だった。すると、不意に寝室のほうから別の女性が〝あなたのやっている仕事は、本当に素晴らしいわよ〟と声をかけてくる、という内容だった。私は彼女の顔にまったく見覚えがなかったが、この女性がプロジェクトの重要な役割を演じるようになることだけはわかった。

目覚めてみると、あまりにも気が滅入るような内容だったので、私はこの夢の意味を深く考えないようにした。

そのひと月後だった。キャサリンが興味深い仕事の申し出を受けたのでロサンゼルスを出る、と伝えてきたのは。もちろん、私は彼女の新しい門出を喜んだが、一方で彼女がいなくなることでこのプロジェクトがダメになってしまうのではないかと落ち込んだ。これが昔の私なら、挫折の恐怖に完全に打ちのめされていたことだろう。しかし、私はあのときの夢を思い出して、パニックにならずに済んだし、ひとり取り残されたままでも心の平安を保つことができた。

そして、実際その数週間後、私は一本の電話を受け取ることになった。それは、ニューヨークからこちらに移ってきたばかりのキャサリンの友人だった。彼女もキャサリンと同じようにエネルギッシュで聡明で、このプロジェクトにときめきを感じてくれた。このようにして、私は肝心なときに、再びそれに相応しい人物に恵まれたのである。

人間は、本来並外れた能力を持っている。事実、私たちは未来を予知し、過去を見ることができ、正確に現在を直観で知ることができる。そう、これは不思議なことだ。霊能者であるということは、流れるように時を移動し、人間が神とつながっている証しを与えられている、ということなのだ。

神は目の前にいらっしゃるのに、私たちはそれをほとんど認識することができない。それは、私たちが普段神聖なるものから切り離され、目覚めぬままに世界を歩き回っているからだ。

神を直に感じるということは、からだの中の微細なエネルギーに対して敏感になることでもある。このエネルギーを増大させるためなら、何にでも挑戦してみることをお勧めしたい。

すると、私たちが直感的に感じることのできる範囲が次第に広がっていき、神が拡大して見えるようになってくる。たとえるなら、神とつながろうとする特別な意識を持って、毎日の瞑想の中でこころを鎮めるのは、銀行に日々少しずつ貯金していくようなものだ。毎日瞑想するたびに、あなたのエネルギーは確実に高まっていく。初めのうちは何も感じることができないとしても、いつの間にか、あなたは自分でも気づかないうちに目に見えない入り口を通り抜けるようになるのだ。

とにかく、感受性を高めていく。つまり、周囲の美しさに気づくとか、ヒーラーや霊能師によってあなたのエネルギーバランスを取ってもらうとか、常に愛を受け取り、愛を与える行為などによって、段々と神に近づいていくのである。

すると、あるとき突然、本当に〝見える〟ようになるのだ。

それはあなたの中に、変化が起こった結果なのだ。そのとき、夜空はあなたが今まで想像したこともないほど美しく見え、畏敬の念に包まれることだろう。

たとえ、私たちが騒然とした世の中にあっても希望はある。それは、一人ひとりの愛、思いやりのある行動、光へと到達したいという切なる願いが、ユートピアを実現させる原動力となるからだ。

愛は私たちの間にネットワークを広げる。ひとたび自らの愛を与えることが可能になると、それは益々溢れ出るようになり、他人に対して思いやりを持って接することができるようになる。

なぜなら、愛を与えるのは本質的に気持ちのよいことだからだ。地球上で、これほど人々を養う食物はないに違いない。そして他人に手を差し伸べることは、実は自らを癒すことでもあるのだ。

愛を与えると言っても、何も大げさなジェスチャーは必要ない。それは、しばしば励ましの言葉ひと言、微笑み、あるいは完璧なタイミングで的を射た言葉を投げかけるなど、ちょっとした行動の中にこそ存在するものだ。

私たちは、この道をお互いに支えあいながら共に歩んでいこうではないか。私には、以前には闇でしかなかった場所に、明るく輝く希望の光が見える。

変化はすでに始まり、集合的な魂と霊能力に光が当たるようになり、過去の恐れと誤解から私たちは自由になりつつあるのだ。

この変化には明瞭な音がある。

夜更けに、注意深く耳を澄ませてみると、私には地球の中心からやって来る優しい風の動きが聞こえる。それは、温かく、心和ませる風で、この世界のクレバスのすべてに入り込んでくる。それは、一人ひとりに吹き渡る。私たち人類すべての魂が触れ合うようになるのは、時間の問題に過ぎない。

あとがき

何年ものあいだ、私は精神科医と霊能者という2つの異なった世界を彷徨《さまよ》っていました。ともに大切なものでありながら、1つにできず、苦悩してきました。

私は霊能を自分自身の「核」の一部として確立するのに10年が必要でした。意識と無意識のこの2つの世界は互いに深く関わり合っています。ですから、一方を切り捨てる必要はないのです。その2つを体現すればいいのです。

幼いころから、私は自分自身の霊能を隠してきました。それは母の影響もあったかもしれませんが、私はそうやって、困難から逃れていたのです。そういうふうに生きるのが楽だったのです。しかし、私が霊能力を持った女性としての真価を発揮するようになると、こころの一番深いところで欲していることを、だんだん言葉にしたいと渇望するようになりました。長い間、自分の中にしまって置いた秘密を明かすという点で、本書の執筆は自分の救済、言い換えれば、癒しとなりました。

私たちには霊能が潜在的に備わっていています。しかしこれまでは、そうした霊能（体験）は抑圧され封印されてきました。それは実に滑稽なことです。皆さんの中にも霊能は存在し、それがいつ顕在化するかもしれません。あるいは顕在化しているかもしれません。

これまで本書で紹介してきた私自身の歩みが、霊能力に目覚めた人たちのお役に立てればと思います。そして霊能力を自覚したゆえの不必要なつまずきや、不必要な周囲からの誤解といったものを、事前に回避していただきたいと思います。

自分自身の霊能力と正しく向き合い、そして活用することができれば、私が霊能力（魂）の多様性とその壮大さを発見したときに感じた驚異を、きっと皆さんも感じることができるでしょう。

私は自分が霊能力を使いこなせるようになるまでの展開を眺めると、ある1つのイメージが浮かびます。

私はどっしりした石の前に立っていて、絶えずノミをふるって何かを彫り続けています。形はまだ見えてきませんが、それが聖なる石だとわかるのです。ちゃんとした形になるまでは時間はかかりそうですが、この作業はとても楽しく、毎日毎日石に向かうのです。そうするうちに石は光を放ち始めます――。

このイメージから私は「自由」という直感を得ました。みなさんはどうでしょうか。

いつもあなたの前にある聖なる石を、こころの直感に耳を傾けながら、彫り進めていただければと思います。

ジュディス・オルロフ

著者紹介／**ジュディス・オルロフ**

米国ペンシルヴァニア州生まれ。医学博士学位取得後、ロサンゼルスで個人経営の精神科診療所を開業する。現在はカリフォルニア大学で精神科助教授も同時に勤める。本著（原著：SECOND SIGHT）は1996年6月にワーナー・ブックスから出版され、精神科医の職にありながら、自らをサイキックと赤裸々に告白した初の自伝として、一大センセーショナルを巻き起こした。カリフォルニア州、マリナ・デル・レイ在住。

訳者紹介／**サリー・キヨモト**

神戸市生まれ。小学校時代を米国ロサンゼルスで過ごす。これまで、ＯＬ、美容部員、日本語講師、インターナショナル・スクールの幼稚園教師、通訳、作家（村上春樹氏）の秘書など様々な職業を経験。現在は人類の魂の癒しに何らかの貢献をしたいと願うスピリチャリスト。本書はその記念すべき第一弾。

幸せになる＜第六感＞の磨き方
スピリチュアル・パワーアップ・レッスン

平成19年３月14日　第１刷発行

著者　　ジュディス・オルロフ
発行者　日高裕明
Printed in Japan

発行　ハート出版

〒171-0014　東京都豊島区池袋３－９－23
TEL03-3590-6077　FAX03-3590-6078
ハート出版ホームページ　http://www.810.co.jp

乱丁、落丁はお取り替えします。その他お気づきの点がございましたらお知らせ下さい。
ISBN978-4-89295-553-2　　編集担当／藤川　印刷／大日本印刷

子から、妻から、友から届いたメッセージ

死後も愛する人は生きている。希望と感動の３冊

天国の子どもたちから

江原啓之監訳
ドリス・ストークス 著
横山悦子 訳

本体1500円

江原啓之監訳の本。スピリチュアルの本場イギリスで活躍した女性スピリチュアリストのドリスの自伝的一冊。臨場感あふれる霊視（シッティング）の様子や霊界の子どもから送られる愛に溢れた親へのメッセージは誰もが感動するだろう。

4-89295-533-7

愛は死を越えて

フィリップ・ラグノー著
荒川節子 訳

本体1500円

癌で逝った愛する妻から、約束通り「霊界」からメッセージた届いた。著者はプロのジャーナリストらしくそれが本物かどうか、疑いながら検証していく。
しかし、それはやはり妻からのものだった。

4-89295-534-5

シグナル

ジョエル・ロスチャイルド著
田原さとり訳

本体1300円

亡くなった親友と交わした約束。それは先に死んだ者が死後世界を証すためにシグナルを送ろうというものだった。
端書きは「神との対話」のN・D・ウォルシュ氏。米国各界人推薦の本。

4-89295-524-8